LE
MONDE

OU

IDÉES SUR L'ESPRIT HUMAIN,

DIEU, L'UNIVERS, LES ARTS,

L'INDUSTRIE ET LES PRINCIPALES SECTES OU CROYANCES.

SUIVI DES

PRÉCEPTES DE LA RAISON.

Le tout entremêlé
de quelques vérités sur les hommes.

PAR BOUISSET,

CI-DEVANT INSTITUTEUR BREVETÉ PAR L'ACADÉMIE DE TOULOUSE,
MAINTENANT HORLOGER.

PREMIÈRE ÉDITION. — PRIX : 1 FR.

TOULOUSE

REY, LIBRAIRE, 5, GRANDE RUE MATABIAU
Et place du Capitole.

1842.

LE MONDE.

TOULOUSE, IMPRIMERIE DE J.-B. PAYA.

LE
MONDE

ou
IDÉES SUR L'ESPRIT HUMAIN,

DIEU, L'UNIVERS, LES ARTS,
L'INDUSTRIE ET LES PRINCIPALES SECTES OU CROYANCES.

SUIVI DES

PRÉCEPTES DE LA RAISON.

Le tout entremêlé
de quelques vérités sur les hommes.

PAR BOUISSET,

CI-DEVANT INSTITUTEUR BREVETÉ PAR L'ACADÉMIE DE TOULOUSE,
MAINTENANT HORLOGER.

PREMIÈRE ÉDITION. — PRIX : 1 FR.

TOULOUSE

REY, LIBRAIRE, 5, GRANDE RUE MATABIAU
Et place du Capitole.

1842.

NOTA.

L'auteur de cet opuscule, totalement découragé (digne fruit de la triste civilisation de notre époque) par les impositions onéreuses et illégales dont on surcharge tous les jours la classe industrielle, source de tous les biens, se trouve maintenant sans demeure fixe. Il vendrait même, excepté les outils les plus nécessaires, le modique fonds du magasin qu'il a à Réalmont (Tarn), où il aurait exercé honorablemnnt son état, s'il n'avait été attaqué à la fois par l'ignorance, l'orgueil, la jalousie et la cupidité de quelques pitoyables égoïstes; et sans les insultes qu'il a reçues et les persécutions qu'il a déjà éprouvées, il n'aurait jamais écrit : il aurait su vivre et mourir en sage ignoré. Seul, presque sans parens, amateur des sciences, des arts utiles et des belles-lettres, et grand ami de l'ordre et de la tranquillité, il va se retirer, soit à la ville, soit à la campagne, dans une chambre, seul ou auprès de quelque honnête famille, où il s'occupera bien plus de la Chronométrie, nouvelle science qu'il fera paraître dans peu de temps, que de l'horlogerie, état qui, comme bien d'autres, dégénère tous les jours. Ses soins se porteront aussi, du fond de sa retraite, sur ce petit ouvrage qu'il ne considère que comme une simple esquisse, de sorte que chaque nouvelle édition sera illustrée, réformée et pour le moins augmentée d'une vingtaine de pages. Certains vers inexacts seront refaits ou retranchés, tandis que d'autres seront insérés entre ceux qui ne fournissent pas un sens complet ou qui sont mal assortis. Les vertus des grands et les qualités en général qui font l'homme de bien seront aussi démontrées dans toute leur naïveté possible, et c'est peut-être par là que nous aurions dû commencer, si nous avions voulu nous attirer les faveurs du public. Enfin, ces augmentations et ces changemens feront que les dernières éditions n'auront presque aucune ressemblance avec celle-ci.

La CHRONOMÉTRIE, science nouvelle, que nous avons l'honneur d'être le premier à présenter au public, sera divisée en deux parties : la première partie, appelée *Chronométrie sidérale*, donnera une haute idée de l'univers, des astres et de leurs révolutions, et enseignera à connaître et à mesurer le temps tel qu'il est produit par les diverses révolutions de la terre ou par le mouvement apparent ou fictif du soleil. Elle traitera :

1° Du temps, de Dieu, et de l'univers en général.

2° Des apparitions et des disparitions des étoiles qu'on a observées dans le firmament, depuis Hipparque, astronome égyptien, jusqu'à nos jours.

3° De la croyance des anciens philosophes sur l'univers.

4° De Copernic, considéré comme fondateur du système actuel.

5° De Descartes, fondateur du système des tourbillons.

6° De notre tourbillon, des astres, des étoiles fixes, du soleil, des planètes, de leurs révolutions et des satellites ; des comètes et de la manière de calculer et de prédire leurs apparitions ou retours périodiques ; de la terre et de ses divers mouvemens autour du soleil ; de la lune et de ses diverses révolutions autour de la terre ; des principaux phénomènes qui auront lieu dans notre tourbillon dans le cours de ce siècle, tels que les passages de Mercure et de Vénus sur le disque du soleil, et les principales éclipses qui paraîtront jusqu'en 1900.

7° Du mouvement, plus ou moins rapide, des circonférences, proportionnellement à la longueur de leurs rayons. Nouveau système propre à démontrer le mouvement de la terre et ceux des planètes.

8° De l'année solaire ou tropique et de l'année sidérale.

9° De la précession des équinoxes.

10° Des calendriers des principales nations de la terre, et des opinions des grands personnages sur la durée et la fin du monde.

11° Du calendrier actuel des Européens.

12° De l'inégalité des jours d'un midi à l'autre, ou de ce qu'on appelle temps vrai et temps moyen, avec un tableau jour par jour des équations et du lever et du coucher du soleil.

13° Des méridiennes, avec un tableau horaire des principaux endroits de la terre.

14° De la manière de tracer des méridiennes ou cadrans solaires sur des plans horizontaux et perpendiculaires.

15° Des méridiennes à équations, ou à temps vrai et à temps moyen.

16° Des procédés pour conduire les rayons du soleil sur les plafonds et les murs intérieurs des appartemens, par la réfraction, et de la manière d'y tracer des méridiennes exactes et des cadrans solaires.

La seconde partie de cette science sera appelée *Chronométrie mécanique*, et elle enseignera les lois de la matière mise en mouvement pour la mesure du temps. Elle traitera :

1º De l'origine des machines mouvantes propres à mesurer le temps, de leurs inventions, et de la biographie des personnes qui ont excellé dans cette partie.

2º Des divers chronomètres, horloges, pendules, montres, garde-temps dont on se sert maintenant pour marquer le cours des astres et la mesure du temps.

3º Du mouvement, considéré comme seul moyen qu'on puisse employer pour mesurer le temps.

4º Des oscillations du pendule, considérées comme l'unité ou la quantité déterminée du mouvement et de la mesure du temps, avec une table indiquant le nombre d'oscillations que donnent les pendules depuis 90 mil. (9 centim.) jusqu'à un mètre de longueur.

5º De la division de la ligne (12me partie du pouce) en mille parties exactement égales, pour allonger ou raccourcir un balancier imperceptiblement. C'est en nous occupant des mathématiques, il y a plus de quinze ans, que nous fîmes cette découverte.

6º De la compensation des balanciers ou pendules.

7º Des moteurs des chronomètres, pendules et montres.

8º De l'isochronisme et du nombre des vibrations que doivent battre les balanciers circulaires pour pouvoir régler les montres, proportionnellement à la force de leurs moteurs, à leur poids et à la longueur de leurs rayons.

9º D'une pendule à une seule roue : la plus simple qu'on puisse imaginer.

10º D'un chronomètre ou pendule à trois roues, portant un balancier à secondes, allant un mois sans avoir besoin d'être remonté. Nous croyons aussi être le premier qui ait trouvé ce calcul. Autres calculs pour établir des montres et des chronomètres.

11º D'un calcul pour établir une pendule qui irait plusieurs mille ans sans avoir besoin d'être remontée.

12º Du prétendu mouvement perpétuel.

13º De la manière de régler les pendules et les montres.

Cet intéressant ouvrage formera un petit cours d'astronomie et enseignera la science de la mesure du temps et toutes les règles fondamentales de l'horlogerie. Il sera indispensable aux horlogers et aux personnes intéressées à la connaissance du temps et de l'univers.

AVANT-PROPOS.

Il est très facile, à l'homme spirituel et de goût, de reconnaître que le petit ouvrage que nous mettons sous les yeux du public n'est ni fini ni soigné. On peut dire qu'aucune description n'est absolument complète, et que ce ne sont que quelques idées cueillies dans les vastes champs fertiles et inépuisables de l'esprit humain, et jetées çà et là, sans ornemens et presque sans ordre, mais qui, mieux polies et ornées d'une plus légère souplesse et d'une élégance nerveuse, fine et adroite, seules qualités qui puissent donner du prix aux écrits intéressans et merveilleux, pourraient dans la suite devenir des principes utiles, rares et sublimes.

Un ouvrage de poésie philosophique et soignée, qui renfermerait la magnificence infinie de l'être suprême, les beautés qui composent l'univers, la subtilité, la grandeur et les principaux attributs de l'intelligence humaine, les productions utiles et merveilleuses de l'industrie, les dogmes fondamentaux des principales sectes de la terre, et une morale pure, précise et universelle, capable de servir de base et de règle commune à toutes les personnes sages et industrieuses, serait, ce me semble, d'une grande importance : mais le génie qui oserait en faire l'exécution devrait posséder les connaissances les plus profondes et les plus étendues. Il faudrait non-seulement que l'architecte d'un édifice si hardi et si colossal fût logicien habile, savant géographe, profond astronome, historien éclairé, théologien impartial et versé dans toutes les croyances, poète éloquent, prudent et modéré, mais qu'il fût encore doué d'une grande intelligence et d'un jugement solide, afin de pouvoir infailliblement discerner les vertus des vices, et faire paraître la vérité, émanée de la divinité même, dans tout son éclat et toute sa pompe. Travail immense qui coûterait beaucoup de temps et qui exigerait de grands soins ; et peut-être que celui qui l'accomplirait, pour si exact et si élevé qu'il le rendît, se forgerait des fers ou se préparerait des chaînes pour le reste de ses jours ; tandis que les nations, en recevant une telle doctrine, basée sur la seule équité et la justice, seuls liens qui puissent unir tous les cœurs, pourraient alors se vanter d'avoir fait un pas immense dans la carrière de la civilisation. Mais quel serait le siècle digne de le recevoir?... Où trouverait-on même un être capable d'exécuter une œuvre si importante et si digne d'éloges? Et après les revers et les malheurs qu'ont éprouvés la plupart des hommes célèbres qui nous ont précédés, qui oserait l'entreprendre?...

Les chaînes d'Anaxagore, pour avoir le premier démontré aux Grecs l'existence éternelle d'un dieu suprême, qui avait donné les proportions et la vie au monde; la coupe empoisonnée et la mort de Socrate, pour s'être montré l'apôtre de la vérité et le modèle de la sagesse; la fuite et l'empoisonnement d'Aristote, prince des philosophes, accusé faussement par un prêtre de Cérès; les malheurs d'Héraclite et sa triste retraite dans les campagnes, les bois et les rochers, pour rompre tout commerce avec les hommes; la chûte si inattendue et la poursuite de l'infortuné Pythagore, l'homme le plus éclairé de son siècle, emportant avec lui la vérité captive de pays en pays et de ville en ville, sous une vieillesse courbée et timide; le bannissement du grand Cicéron, père de l'éloquence; les calomnies insensées et les menaces contre Gerbert, accusé d'être sorcier et magicien pour s'être rendu mathématicien célèbre et mécanicien habile; les gémissemens plaintifs de Roger Bacon au fond d'un cachot, à cause de ses merveilleuses découvertes; la vieillesse du vénérable Galilée, aux cheveux blancs, garotté et traîné indignement dans les prisons, pour avoir démontré le mouvement de la terre et le vrai système du monde; la haine excitée contre Ramus dénoncé comme criminel d'état devant François I, et les poignards qui l'assassinèrent, pour avoir combattu certains points erronés des croyances de son siècle, et avoir invité les savans à faire de nouvelles découvertes; les incendies outrageans et calomnieux qui s'élevèrent tant de fois contre Rousseau et Voltaire pour avoir dépassé les lumières de leurs ancêtres; les imprécations furieuses d'une populace sans frein et sans pitié contre l'inébranlable et juste Bailly, et le fatal drapeau qu'il avait si dignement servi dans l'affaire du champ de Mars, qu'on agite tout enflammé devant son auguste figure, en le faisant monter sur l'échafaud, avant de lui trancher la tête; enfin, l'exil exécrable et odieux ou l'exportation au milieu des mers, de l'homme extraordinaire qui avait soumis l'Europe entière, sont des preuves trop convainquantes pour ne pas craindre dans tous les temps la malice du genre humain; et les honneurs que ces illustres personnages ont reçus et les revers qu'ils ont essuyés ne nous prouvent que trop évidemment la vanité et l'inconstance des hommes!... Un rien nous élève, un rien nous plonge dans l'abîme!... On dirait, enfin, que dans tous les temps on a tenté de persécuter tous les sages que les circonstances, leurs rangs ou leurs lumières ont élevés au dessus du vulgaire. La mort du Christ pour avoir prêché le désintéressement, la continence, la justice et la clémence, à un peuple désordonné et hypocrite et s'être dit le fils de Dieu ; celle de Louis XVI pour avoir convoqué les états-généraux, ou invité les savans des trois ordres à se communiquer mutuellement leurs lumières pour consolider la paix et la prospérité du royaume, et celles de plusieurs autres personnes d'un grand mérite, qui ont à peu près suivi le même sort, sont des exemples trop authentiques pour ne pas nous convaincre d'une vérité frappante : il n'est d'heureux que le sage aisé et ignoré. Mais où en seraient les nations et la civilisation universelle, si jamais personne n'avait osé prêcher les avantages de l'industrie et de la sagesse, ni combattre l'égoïsme des grands et l'orgueil des despotes, ni franchir ou rompre la barrière des préjugés qui égarent les peuples, les ruinent et les accablent ? Et que serait maintenant le souvenir de tant d'hommes qui se sont illustrés par leurs vertus, leur courage et leurs lumières, dont l'histoire s'enorgueillit, si on ne les avait pas calomniés ou persécutés pendant leur vie ? Leurs revers et leurs malheurs ne sont autre chose que des fleurs immortelles qu'on a ajoutées à leurs couronnes d'or, qu'ils ont acquises par leurs talens et leurs mérites. Elles sont comme enrichies de pierres précieuses et de diamans d'un lustre si éclatant et si merveilleux que rien ne saurait l'éteindre ni le ternir. La gloire de plusieurs est devenue si grande qu'une infinité de personnes vertueuses et vraiment sensées feraient maintenant de grands sacrifices pour les faire revivre s'il était possible ! Mais hélas ! leurs vœux et leurs offrandes sont inutiles ! Ils ne sont plus ! Voilà quelle est ordinairement la destinée de la plupart des grands hommes : on ne les loue, on ne les révère, que quand un sombre cercueil enveloppe leurs tristes restes ! C'est alors qu'on élève des colonnes et des pyramides de marbre et de porphyre sur leurs magnifiques tombeaux et qu'on leur prodigue les honneurs et les éloges, tandis que, pendant leur vie, on n'a su ni les considérer ni les apprécier.

Les calamités et les persécutions dont nous venons de parler et une infinité d'autres qui ne sauraient se soustraire à notre esprit, dont l'énumération serait ici trop longue et inutile, nous ont incité à ne faire qu'un simple amusement d'un ouvrage que nous avions une fois déjà projeté de rendre plus sérieux et plus correct. Oui, nous avions une fois déjà décidé de le rendre sublime autant que possible, mais les temps changent les mœurs et les idées ; et si, dans certains passages, nous n'en avons fait qu'un simple badinage, c'est que nous avons cru qu'un tel style, quoique peut-être trop peu soigné, conviendrait mieux à notre époque que tout autre. Nos neveux commencent déjà à s'amuser de ce que nos pères se battaient, tant parmi le peuple que parmi les grands. N'est-ce pas, en effet, un passe-temps, une pure risée, de voir toutes les sectes rassemblées sous leurs drapeaux distinctifs, chacune voulant que son système soit préférable à celui de ses adversaires, et finissant, enfin, par abandonner leurs travaux, fêter la moitié des jours, oublier leurs plus éminens devoirs, et se quereller, s'accabler et s'égorger entr'elles sans pitié et sans remords? L'homme juste, sage et laborieux, peut-il voir toutes ces extravagances et ces absurdités de sang-froid? La divinité même peut-elle se plaire à de tels désordres? Et d'où viennent tous ces caprices, si non de la folie et de la cupidité des grands? Les peuples sont tels qu'on les dirige, et c'est sans doute ce qui a fait dire à la discorde, page 62, vers 17.

> Tels que les magistrats de la haute justice
> Qu'on pourrait appeler les agens du caprice.

Ces deux vers, à double sens, et plusieurs autres à peu près du même style ne peuvent, sans doute, fâcher personne, puisqu'ils sont simplement composés pour amuser. Mais, enfin, quoique ce petit ouvrage ne soit, si l'on veut, selon plusieurs, qu'un passe-temps, qu'une simple bagatelle, plus propre à faire rire qu'à instruire, nous espérons pourtant que les personnes vraiment sensées, honnêtes et laborieuses, le considéreront sous un point de vue bien différent, puisqu'elles y trouveront, non seulement de fort belles idées sur la toute-puissance divine, mais que l'union, la sagesse et l'industrie sont les seules qualités capables de maintenir l'ordre et la prospérité des sociétés et des royaumes, et que ce n'est pas à force de cérémonies, de fêtes et de pratiques inutiles, plus propres à dissiper les peuples qu'à les rendre aisés et heureux, qu'on se rend agréable aux yeux de la divinité suprême, mais que c'est plutôt par la seule vertu, les bonnes œuvres et l'intégrité inébranlable du cœur, qu'on peut attirer les bénédictions du ciel ou les faveurs inépuisables de cette intelligence infinie qui règle tout avec une prudence et une sagesse sans bornes.

LE MONDE.

DE L'ESPRIT HUMAIN.

Notre esprit, noble et grand, émané de Dieu même,
Unique roi des cieux et créateur suprême,
Est un être infini, guide d'un corps mortel,
Et l'œuvre de ce Dieu tout-puissant, éternel.
Ce bien faible rayon de la grandeur divine
Animant notre cœur, il s'étend, il domine
Sur tous nos sentimens et sur nos facultés,
Et règle de nos bras les exploits tant vantés.
Tout change sans périr, ou tout se renouvelle!...
Notre esprit triomphant, de substance immortelle,
Une fois dégagé de ce corps argileux,
Recevant tout son lustre, étonnera les cieux,
Si, dans ce corps mortel révérant le seul être
Qui de tout l'univers est le souverain maître,
Fuyant les faux attraits, il a toujours vécu
D'après les seules lois de l'exacte vertu.
Quels divins attributs, quelle grande souplesse!
Comme il veut, il s'étend : il se plie, il se dresse :
Va contempler au ciel des astres la grandeur,
Redescend sur la terre, analyse une fleur!...
C'est le maître absolu de notre intelligence,
C'est lui seul qui dirige et règle la prudence.
Oh! beau présent du ciel! esprit noble et vanté!
Tu rends l'homme semblable à la divinité!
Les plus grandes vertus deviennent ton partage,
Lorsque de ta lumière on fait un digne usage.
Arbitre universel des desseins, des désirs,

Des mœurs, des passions, des haines, des soupirs,
Des croyances, des lois, des vertus et des vices
De tout le genre humain, ainsi que des caprices,
C'est lui qui juge tout, qui refuse ou consent,
Qui dissipe l'erreur et devient triomphant!..
Oh! quelle intelligence! ô ciel, quelle merveille!...
Dans l'univers entier il n'est point la pareille!
C'est malgré les mortels qu'il peut se transporter :
Leur force et leurs remparts ne sauraient l'arrêter.
Il contemple à la fois toute la terre et l'onde,
Les fleuves, les cités, dispersés dans le monde;
D'un vol noble et hardi, plus prompt que les éclairs,
Sans quitter son domaine, il parcourt l'univers.
De son sein sont éclos les arts et la science;
Tout vient de notre esprit, de notre intelligence :
De tout ce qu'on doit faire il montre le chemin;
Lui seul place aux guerriers les lauriers à la main.
Les traits étincelans de sa divine flamme,
S'élevant sur moi-même, élargissent mon ame
Qui monte jusqu'au ciel sur les ailes des vents,
Afin de dominer sur tous les élémens.
C'est là que sa splendeur rayonnante examine
Les lois de l'univers et la grandeur divine!...
Voilà l'esprit assis aux faîtes les plus hauts:
Mais connaissez-vous bien ses vertus, ses défauts?...

 D'où vient que les mortels, munis d'intelligence,
Doués de la raison, armés de la prudence,
Possédant tous ces dons tant vantés ici bas,
Se disputent entr'eux et ne s'accordent pas?......
Quel est ce grand motif qui trouble leur franchise,
Qui confond leurs vertus, les trompe et les divise?...
Est-ce l'ambition, les vices, les honneurs,
Qui corrompent les sens, pervertissent les cœurs?...
L'un blasphème et maudit ce qu'un autre révère,

Tous se titrent enfans d'un seul Dieu, d'un seul père ;
Dans le moindre débat, ils s'accablent entr'eux,
Et se disent instruits, sages et vertueux.
Soit caprice, ignorance, orgueil ou jalousie,
Chacun croit que son sens est exempt de folie ;
L'orgueil entraîne l'un qui tombe de fierté,
L'autre se perd ayant trop de timidité ;
Ce que l'un craint et fuit, ou voit comme un grand vice,
C'est la vertu d'un autre : il en fait son caprice.
L'un franc, tranquille, doux, succombe de bonté ;
L'autre, traître, se perd par sa méchanceté.
Quand les opinions se disputent entr'elles,
Avec acharnement se traitent d'infidèles,
Et s'accablent de mots, d'un si dédaigneux ton
Qu'on croirait bonnement qu'aucune n'a raison,
Voilà l'esprit humain !... sa raison, son partage !...
Où pourra-t-on trouver un homme qui soit sage ?
Si l'on voit ce défaut jusque parmi les grands,
S'il ne respecte pas même les plus savans,
S'il dissipe et s'il perd la fougueuse jeunesse,
S'il distrait l'âge mûr ainsi que la vieillesse,
Est-ce là, dites-moi, cet esprit tant vanté,
Qui dicte aux nations les lois de l'équité ?......

DE LA DIVERSITÉ OU DIFFÉRENCE DES ESPRITS.

Vous qui vous élevez sur Platon et sur Pline,
Vous dont le beau talent sur vos rivaux domine,
D'où vient ce grand contraste, ou mélange d'esprit,
Que tout soit en discorde, et tout se contredit ?
Que souvent une chose à l'un paraît certaine,
Et qu'un autre la croit une fable mondaine ?
Si vous voulez avoir bien des raisonnemens,

Sur ce modique point appelez les savans,
Et vous aurez bientôt paroles sur paroles,
Ambiguités, débats, et bien des paraboles.
On pourrait parier l'Amérique et son or
Que deux ne seraient pas parfaitement d'accord.
Si chacun vient montrer sa forte connaissance,
N'aurai-je pas le droit d'exposer ma croyance?
C'est que l'Etre suprême est l'Etre indéfini,
C'est l'être de notre ame, et l'esprit l'est aussi.
Nul mortel ne connaît la grandeur de cet Etre!...
Plus un esprit est grand, plus il tient de son maître,
Si de l'intégrité le ciel l'a revêtu,
Et s'il suit le chemin de la seule vertu.

 Quoique tous les esprits soient d'une même essence,
Ils portent en naissant beaucoup de différence :
Le ciel a fait les dons de la diversité,
Pour montrer la grandeur de son immensité.
Tout n'est que traits divers dans les sons, dans la pierre,
Dans le chant des oiseaux, dans la nature entière.
Il en est des esprits comme des fleurs des champs,
Et des herbes des prés qu'on voit naître au printemps,
Surtout des belles fleurs qu'une prairie étale :
On a beau regarder, aucune n'est égale.
Si l'on en trouvait deux pareilles en couleurs,
Elles différeraient de forme ou de grandeurs.
La différence vient alors de la nature,
Qui s'augmente toujours en faisant la culture;
Car, quiconque s'élève étend son jugement,
Et surpasse celui qui n'acquiert nul talent.
Un esprit qu'on cultive est donc tel qu'on l'exerce :
Il guide la raison; il fait la controverse :
C'est l'auteur des vertus, des vices, des erreurs,
Des crimes, des bienfaits, des haines, des horreurs,
Des querelles, des lois, de la paix, de la guerre,

Qu'on voit et qu'on verra sur le sol de la terre.
En lui quelle lumière et quelle obscurité!
Quelle bassesse, enfin, et quelle majesté!

DE LA CULTURE DE L'ESPRIT.

L'heureuse instruction fixe l'entendement,
Développe l'instinct, mûrit le jugement,
Embellit la mémoire, étend l'intelligence,
Illumine les sens, augmente la prudence;
Et des peuples divers confondant les abus,
Change les préjugés en sublimes vertus.
A la faible raison elle sert de lumière:
Sans elle notre esprit ramperait sur la terre,
Au lieu que son essor, noble, grand, radieux,
Perce les élémens et mesure les cieux.
Notre esprit est, hélas! d'une telle souplesse,
Que dans les premiers temps il est tel qu'on le dresse!
S'il s'envole au hasard, sachons le ramener;
Et s'il cherche à nous perdre, il faut l'en détourner.
C'est un bien petit feu que Dieu place en notre ame,
Qu'il faut savoir soigner si l'on veut qu'il s'enflamme.
C'est un frêle arbrisseau, c'est une tendre fleur:
Mieux il est cultivé, plus il prend de grandeur.
Tel, faute de grands soins, a peu de connaissance
Qui nous surpasserait par son intelligence.
L'esprit ne peut s'orner que par des soins constans;
Qui lit sans réfléchir perd son fruit et son temps:
Sans la réflexion le fruit de la lecture,
N'est qu'un jardin confus où tout croît sans culture.
Cette étude est semblable au cri d'un perroquet
Qui ne comprend jamais le sens de son caquet.
L'esprit vient de l'étude et de l'expérience,
Elles en font la gloire et la magnificence.

Avant d'approuver tout ce qu'ont dit les auteurs,
Pour pouvoir en juger consultez-en plusieurs :
L'homme n'aura jamais de hautes connaissances,
S'il ne voit à la fois l'ensemble des sciences,
Les mœurs, les lois, les arts, les usages divers
Des peuples différens qui couvrent l'univers,
Et des religions les croyances utiles,
Les sublimes vertus, les dogmes inutiles!.....
Quiconque veut s'orner de talent et de goût,
Avec ménagement doit s'exercer en tout :
Voilà le vrai moyen de s'instruire soi-même :
Attendre tout d'autrui c'est un bien faux système.
Le fou cherche où le sage a trouvé tant d'esprit :
Où l'avait-il trouvé le premier qui s'instruit ?
C'est par l'assiduité, des soins infatigables,
Que l'homme studieux surpasse ses semblables.
Voulez-vous être admis au rang des vrais savans ?
Consultez les écrits des morts et des vivans :
Qui sait en profiter peint, grave en sa mémoire
Les mœurs des nations, les croyances, l'histoire.
C'est là qu'on trouve tout, qu'on apprend à juger ;
Pour l'homme ingénieux c'est un travail léger ;
Mais combien en voit-on qui raisonnent, qui lisent,
Sans pouvoir démêler le sens de ce qu'ils disent!
 Dans votre instruction ménagez votre esprit :
Sachez vous amuser de tout ce que l'on dit :
Si le faux paraît grand à quelques vains crédules,
Tournez-le, s'il se peut, en pamphlets ridicules :
Sachez que les mortels, qu'ils soient petits ou grands,
Ont chacun leur avis, leur folie et leur sens.
Un rien entraîne un sot souvent jusqu'au délire,
Le vrai sage en sourit, le plaisant en sait rire.

DE L'ÉGAREMENT DES ESPRITS.

Quoique l'esprit humain soit émané des cieux,
De l'être le plus grand, le plus majestueux,
Il n'est pourtant en nous qu'un être à toute face,
Qui suit aveuglément la route qu'on lui trace.
On peut donc l'égarer; on le voit chez l'enfant :
Il fait ce qu'il voit faire et croit facilement.
Son tendre cœur reçoit de ses pères l'usage,
Les croyances, les mœurs ainsi que le langage.
Prenant ce qu'on lui dit toujours de bonne foi,
Il finit par en faire et sa règle et sa loi;
Et si son cœur lui crie : Il faut que tu révères,
Sans pouvoir en douter, ce que croyaient les pères,
Il se croit grand docteur!.... et n'examine plus :
Le reste alors pour lui n'est que faux et diffus.
Un mortel entêté de sa bisarrerie
La soutiendrait, hélas! au péril de sa vie!....
Quelle que soit sa base ou ses vils fondemens,
Qui va contre sa thèse a perdu le bon sens;
C'est ainsi que les Juifs, les Payens, les Bramines,
Croient comme les Chrétiens que leurs lois sont divines
Qu'en Egypte, en Turquie, on veut que le Coran
Soit envoyé du ciel au pieux Musulman;
Que le Chrétien se croit damné pour une pomme,
Et que nous payons tous la faute d'un seul homme,
Car les docteurs sacrés ont tant de sentimens
Qu'un dit blanc, l'autre noir, et l'on croit ces savans :
Et tel souvent se croit d'une sagesse extrême,
Qui doucement végète au sein de l'erreur même.
Si son cœur est épris de séduisans attraits,
Il les croit nobles, saints, justes, grands et parfaits;
Et quand on le reprend ou qu'on le contrarie,

Zélé pour sa croyance, aussitôt il s'écrie :
Le voilà l'imposteur, le fou, le scélérat,
Qu'on croyait sage et saint : ce n'est qu'un renégat !
De là vient qu'un mortel, pour une vaine fable
Qu'il croit un grand mystère, égorge son semblable.
Tel est l'esprit humain !.... On a vu mille fois
Qu'un peuple fanatique assassinait ses rois,
Qui voulaient réformer des dogmes exécrables
Qui rendaient leurs sujets mondains et misérables,
Ou pour avoir lancé de sages réglemens
Qui défendaient les droits et du peuple et des grands.
Au nom du Créateur, oh ! que d'énormes crimes
A-t-on faits en faisant d'innocentes victimes !....
Henri trois, massacré par l'odieux Clément [1],

---

[1] Jacques Clément, moine de l'ordre des Dominicains, natif de Sorbonne, village près de Sens, était âgé de vingt-quatre ans et venait de recevoir l'ordre de la prêtrise, quand il assassina Henri III. Ce fut à Saint-Cloud, en 1589, que ce fanatique poignarda le Roi. Il s'y était préparé par le jeune et la prière, et s'introduisit dans le palais sous prétexte de commissions importantes. On imprima et l'on débita une relation de ce meurtre dans laquelle on assurait qu'un ange lui avait apparu, et lui avait ordonné de tuer le roi en lui montrant une épée nue, et une grande partie des Européens eurent la faiblesse de le croire. Cet assassin fut, après sa mort, révéré par quelques fanatiques comme un ange céleste. Plusieurs historiens rapportent qu'on mettait son image sur les autels à côté de celle de Dieu, comme si la divinité se plaisait à voir commettre les plus grands crimes. Tel est ordinairement l'empire que l'absurdité possède dans tous les temps sur la plupart des esprits.

L'assassinat de Henri IV n'est pas moins tragique que celui de Henri III. Ravaillac, natif d'Angoulême, où il exerçait les fonctions de chantre dans une petite paroisse, rencontra par hasard le livre exécrable de Marianna, jésuite espagnol, où il lut ces mots : Il est permis de tuer un tyran !... Ravaillac part de suite, se rend

Présente aux nations un exemple frappant.
C'est une vérité qui n'est que trop certaine,
Que les siècles futurs ne croiront qu'avec peine :
On a vu des Français, dans leur zèle inhumain,
Chérir le meurtrier et même en faire un saint.
Voilà d'où vient qu'on voit l'innocence proscrite,
Que le sage est flétri souvent par l'hypocrite,
Que le zèle enflammé des furieux dévots
Contre l'homme de bien arme la main des sots,
Et que l'homme entêté de ses folles maximes
Croit encenser le ciel en faisant des victimes!...
Tel est le monde entier : tel est l'esprit humain :

à Paris et frappe le roi Henri IV, dans sa voiture, de deux coups de poignard au cœur! Le roi prononça ces mots : Mon Dieu, mon Dieu, je suis mort!... On m'a assassiné! Pardonnez au meurtrier, s'écria-t-il, et il expira! La garde arrête l'assassin, et l'on entend retentir dans toute la capitale ce cri terrible et lamentable : O ciel! ô ciel! on a tué le roi!... quel crime, hélas! quel crime! Ce monarque intrépide et guerrier, mais bon et docile, était regardé comme le père du peuple, et plus de la moitié des Français le pleurèrent. Il n'était haï que de quelques ignorans et fanatiques, parce qu'il n'était pas hypocrite comme eux.

L'Europe dépose, exile, fait mourir ses princes et ses empereurs, massacre ses rois, et ose se vanter d'être la partie du monde la plus humaine et la plus éclairée!... Ne pourrait-on pas s'écrier d'après tant de maux : Oh! contrée ignominieuse, oh! que tu as été et que tu es encore ignorante, orgueilleuse et barbare!... Un roi serait-il un tyran, on doit le reprendre et le contraindre même s'il le faut, mais l'assassiner avant d'avoir exposé ses plaintes, ne serait-ce pas être plus tyran que le tyran même?

On dirait, en un mot, qu'un roi en Europe n'est plus qu'un faible berger entouré d'une troupe de loups!... Veut-il défendre son paisible troupeau? on le dévore!.. C'est là sans doute ce qu'on appelle dans nos contrées civilisation, charité, politique et foi infaillible, suprême et divine.

L'ignorant le plus faux peut passer pour divin,
Tandis que quelquefois on insulte, on outrage
L'homme le plus instruit, le plus pur, le plus sage.
Pour connaître les tours, les replis des esprits,
Des croyances, des mœurs, consultez les écrits :
L'un dira que sa thèse est un fait admirable,
Et l'autre soutiendra qu'il est faux, exécrable :
Leurs raisonnemens font, comme des vents fougueux,
Des nuages légers qui se battent entr'eux.
Puis accordez celui qui croit aux dieux d'Homère [1]
Avec un Péruvien qui se trouve unitaire [2] :
L'un soutient qu'un seul Dieu n'est pas assez puissant
Pour pouvoir gouverner un univers si grand,
Et qu'il en faut plusieurs pour diriger la terre,
Et les cieux et les mers, et l'orage et la guerre ;
L'autre dit à son tour que, si deux existaient,
Ils seraient en discorde et même se battraient,
Et que de l'univers se disputant l'empire,
Ils finiraient bientôt, hélas ! par tout détruire !....
De leurs religions tels sont les fondemens :

---

[1] Nous entendons par les Dieux d'Homère les divinités payennes qui furent long-temps adorées par les Grecs, les Romains et par plusieurs autres nations de la terre. Dans tous les temps la Divinité suprême n'est reconnue et adorée que des hommes les plus éclairés.

[2] Les habitans du Pérou ne croyaient, avant que Christophe Colomb fit la découverte de l'Amérique, qu'à l'Etre suprême et universel, considéré comme un Dieu unique et parfait, sans être divisé en plusieurs personnes et principes, comme le divisent la plupart des autres sectes. On donna aussi le nom d'unitaires aux disciples de Socin, parce qu'ils niaient les mystères, la personne du Saint-Esprit et la divinité du Christ.

Toute la sainteté de la religion était, d'après eux, renfermée dans la seule personne de Dieu le Père.

— 11 —

Cherchez lequel des deux a le plus de bon sens !....
 Chaque peuple a ses dieux, ses croyances, ses fables,
Changeant à tout moment et n'étant jamais stables.
Un esprit doit donc être exercé jusqu'à bout
Pour qu'il puisse se rendre un compte exact de tout.
Mais comme notre instinct nous joue et nous égare,
Cela fait qu'en tout temps ce bel esprit est rare.
Vouloir dire, en effet, à quelque bon franc-cœur,
Que dans tout l'univers il n'est nulle couleur ;
Que tout est blanc ou noir sur la fleur, sur la plante,
Et qu'on va lui prouver que c'est chose évidente :
S'il se rencontrait fier, il s'en irriterait ;
S'il était doux, poli, bonnement il dirait
Que le bleu n'est pas rouge et que le jaune est jaune ;
Qu'il ne prendra jamais le printemps pour l'automne !
Vous auriez beau lui faire observer ce beau ciel,
Quand l'astre radieux fait briller l'arc-en-ciel [1],
Par son lustre affaibli sur un lointain nuage,
Et qu'il montre à nos yeux sa radieuse image,

---

[1] La divinité est si grande qu'elle a su faire briller sa puissance jusque dans les météores. Quoiqu'il n'existe nulle couleur dans les nues, cependant on y en voit de très belles au moment qu'un arc-en-ciel a lieu. Cet étonnant phénomène vient de ce qu'alors un nuage qui laisse échapper une pluie fort légère, se rencontre entre l'arc-en-ciel et le soleil. C'est donc le soleil et les fluides, ou autres matières qui ont la propriété d'en affaiblir les rayons jusqu'à un certain point, qui donnent ces diverses couleurs. Voyez à ce sujet la physique ou l'optique. Si Moïse dont les écrits ont fait tant de bruit avait été physicien, il n'aurait pas dit : Je mettrai mon arc en la nue, etc., etc. (Genèse, IX, V. 13.) parce qu'il aurait évidemment reconnu qu'il fallait nécessairement que les arcs-en-ciel fussent aussi anciens que notre atmosphère. Mais savait-il aussi s'il viendrait un temps où les hommes voudraient rendre un compte exact de tous les phénomènes de la nature ?... Quelle différence y a-t-il entre son siècle et le nôtre ?

Qu'il ne vous croirait pas s'il n'était physicien,
Quand il serait classé premier théologien,
Car la théologie est semblable à l'optique,
Comme l'est à l'histoire un cahier de musique.
Par nos sens égarés on prend le plus souvent
Pour réel ou pour vrai ce qui n'est qu'apparent.
Pour pouvoir démêler les lois de la nature,
Il faut l'esprit, le goût, le talent, la culture.
Tel, du sein de l'erreur, est prôné pour savant,
Qui n'a qu'un faux génie et point de jugement.
Le défaut de raison, d'exacte connaissance,
Fait partout ressentir sa trompeuse influence :
Il aveugle et séduit les petits et les grands,
Les faibles et les forts, les sots et les savans :
Bien souvent ceux qu'on croit éclairés et très sages
Sont plus sots et plus faux que de simples sauvages.
Que de pédans voit-on qui prônent des docteurs,
Qui pour un bel esprit ne sont que des rêveurs !
En eux les vérités, les erreurs, la sagesse,
Ne sont qu'un vil fatras qui se débat sans cesse.

IDÉE SUR LES DEMI-SAVANS.

L'enfant jeune et doué d'un esprit fort et vif
Devient impétueux, inquiet, léger, actif.
Tout caractère orné d'une telle structure,
Au lieu d'examiner, dévore la lecture.
Dès son premier essor cet esprit devient fier ;
Souvent sans rien savoir croit avoir fendu l'air ;
C'est pour avoir appris quelques morceaux d'histoire,
Ou des contes qui font radoter sa mémoire.
S'il s'est un peu gonflé de grec ou de latin,
Le voilà qui sait tout !... souvent il ne sait rien !....

Si c'est un orgueilleux arrondi d'ignorance,
Auprès de ses égaux il n'est pas sans jactance.
Pour connaître le fruit de leur légèreté,
De telles gens formez une société :
L'un pense tout savoir pour avoir lu Virgile,
L'autre veut que tout soit écrit dans l'Evangile.
Il vantera Samson avec tous ses renards,
Brisant à coups de poings les murs et les remparts.
Pour donner plus de force à sa vile imposture,
Lisez, vous dira-t-il, dans la sainte écriture !...
Les voilà bien cabrés sur un modique point
D'un saint livre confus qu'ils ne connaissent point,
Car, pour bien décider des cas si difficiles,
Il faut tous les docteurs rassemblés en conciles,
Où l'Esprit-Saint leur dit pour les mettre d'accord :
C'est que Samson était aussi leste que fort !...
Tels sont certains hâbleurs dont la sainte écriture
A si bien su mûrir la brillante culture.
Ne vaudrait-il pas mieux un homme de bon sens,
Sans nulle instruction, que ces demi-savans :
Car bien souvent des riens, de simples hyperboles
Qui n'auront aucun sens, dérangent tous ces drôles
Qui, tournoyant enfin comme des vents follets,
Promènent le poison de leurs trompeurs attraits,
Exhalant à grands flots la fureur de leur bile,
Et chacun se croyant de tous le plus habile.
Hommes sans sentiment, qu'on ne saurait guider,
Ne sachant rien au clair, allez les accorder!
Car parmi les mortels rien n'est plus difficile
Que de convaincre un sot qui se croit fort habile.
Hélas! qu'il en faut peu pour troubler les humains,
Qui bornés et légers se croient des souverains
En science, en talens, ou qui veulent paraître
Des hommes fort instruits, le plus souvent sans l'être,

Sans compter leur orgueil, leurs vices, leurs défauts,
Et tant d'autres tracas qui troublent leurs cerveaux ;
Ou ceux qui voient leur tort sans vouloir condescendre,
Parce que l'intérêt leur défend de se rendre.
Du cap Nord à Moscou, de Londres au Japon,
Nul mortel ne sent bien les lois de la raison.

DE LA GRANDEUR D'UN ESPRIT BIEN CULTIVÉ.

Qui, s'élevant sur les nues, contemple la grandeur et la magnificence de l'univers, et donne une courte description des principaux états de la terre, des endroits élevés et pittoresques, des vaisseaux qui flottent sur les mers, des glaciers qui s'élèvent aux pôles, des principaux fleuves qui serpentent sous le ciel, des bas-fonds verdoyans et fleuris, et de la pompe et de la magnificence des châteaux dont ces charmans lieux se glorifient et se décorent.

Pour qu'un mortel s'élève il lui faut du courage,
C'est la force du cœur qui franchit l'esclavage,
Qui rompt les préjugés, détruit les faux appas,
S'élance à la raison qui lui tendait les bras !
C'est la fille du ciel, recevons-la pour mère ;
Qu'elle enflamme nos cœurs et qu'elle nous éclaire !
Un esprit animé de ses feux radieux
S'envole et se répand pour contempler les cieux :
Semblable à cet éclair dont la grande lumière
Eclaire en même temps et le ciel et la terre,
Qui partout étendu par ses rayons divers,
S'en va d'un pôle à l'autre et voit tout l'univers,
Parcourant ces soleils que l'univers embrasse,
Et ces mondes flottans qui tournent dans l'espace.
Tout se mire dès-lors dans l'ame d'un savant,
Rien ne peut échapper à son œil vigilant.
Il contemple à son gré la splendeur des royaumes,
Les systèmes divers qui divisent les hommes,
Et le cours et l'éclat de tant d'astres brillans
Qui du monde infini couvrent les vastes champs.
C'est alors qu'il connaît de son Dieu la puissance,
L'étendue, et la gloire, et la magnificence.
Mais, hélas ! on dirait que le ciel a pris soin
D'un mortel qui s'élève ou s'élance si loin !

Que d'esprits fendent l'air et retombent sans cesse,
Privés qu'ils sont d'élan, de force et de souplesse!
On dirait que le ciel, avare de faveurs,
Leur a voulu voiler ses plus belles grandeurs!
　Il faut donc à l'esprit des forces inconnues,
Pour qu'il puisse s'étendre et planer sur les nues,
De là voir sous ses yeux les états et les mers,
Et le bien et le mal qu'on fait dans l'univers;
Car la terre tantôt lui présente l'Afrique,
Et l'Europe et l'Asie, et tantôt l'Amérique.
Villes, montagnes, bourgs, empires, nations,
Dogmes, usages, lois, sectes, religions,
Magistrats, courtisans, financiers, gens de guerre,
Ducs, marchands, officiers sur l'onde et sur la terre,
Isthmes, îles, détroits, golfes et grandes mers,
Monts escarpés, volcans, sols fertiles, déserts,
Rivières, lacs, jardins, parcs, châteaux, opulence,
Collines, prés, troupeaux, tout roule en sa présence.
Quand il perd le Pérou, le Mexique et Lima,
Il aperçoit la Chine et le Japon est là,
Empire composé d'un nombreux groupe d'îles
Qu'un peuple industrieux a su rendre fertiles.
Là, pour avoir la paix, on a bâti des forts,
Aux vaisseaux de l'Europe on a fermé les ports [1],

---

[1] Il n'est plus permis aux Européens d'entrer au Japon, depuis que saint François Xavier y prêcha l'évangile, à cause des disputes théologiques qui inondèrent ces contrées et assoupirent l'industrie pendant un long espace de temps, et d'une guerre civile qui s'y passa, dont les chrétiens et nos missionnaires furent la cause, qui, ayant commencé en 1637, dura 30 ans et fit périr plus de 400,000 personnes. C'est là tout le fruit que notre croyance a su produire dans ces contrées.
　Ces peuples, ainsi que presque tous les autres de la terre, ne croient

Comme si nos Dieux-trois, nos rites, nos croyances,
N'étaient que des erreurs ou des extravagances.
Ces peuples, doux, polis, nous prennent pour des fous;
Ils méprisent nos mœurs et se passent de nous.
Les Chinois, leurs voisins, imitant leurs exemples,
Adorent un seul Dieu dans de superbes temples,
Regardé comme l'Etre unique, universel,
Qui remplit tout l'espace, et la terre et le ciel;
Ou comme un Dieu parfait, d'éternelle existence,
Que l'univers public avec magnificence,
Et si majestueux, si célèbre et si grand,
Que plus on le contemple et moins on le comprend [1].

qu'à la divinité suprême. Ils ont néanmoins un pape, chef de la religion, nommé Daïro, qui avait autrefois l'autorité souveraine; mais les grands, pour se soustraire à la tyrannie de son ambition, ont nommé un empereur séculier, appelé Kubo. Le peuple considère encore le Daïro comme un Dieu que le ciel a choisi pour gouverner la terre. On lui accorde douze femmes, un grand nombre de concubines et des revenus immenses. On ne connaît, sur le globe, que trois personnages que les peuples considèrent comme des divinités : le Lama du Thibet, le pontife de Rome et le Daïro du Japon. Voy. Vosgien, diction. géog. au mot Japon.

[1] Les Chinois, que la plupart des Européens se plaisent tant à traiter d'idolâtres ou d'athées, ne reconnaissent, ainsi que les Japonais, qu'un seul principe ou Divinité, considéré comme le maître absolu de l'univers. Amis du travail et de l'industrie, ils n'ont que très peu de fêtes. Ils en célèbrent pourtant quelques unes pour révérer, adorer et remercier l'être tout-puissant et éternel qui régit tout avec tant de sagesse et de puissance. Le salut, d'après eux, n'est que dans la vertu. Hors d'elle tout est faux et affreux: l'homme de bien, quelle que soit sa secte, est l'homme de Dieu; principes qui seront dans tous les temps ceux des personnes sages et sensées. Les Européens leur ont apporté plusieurs fois le Christianisme, mais ils l'ont toujours rejeté. On trouva, en 1625, dans la ville de Sin-gan-fou, si nous voulons en croire Vosgien, une

Sous peu tout le Thibet, l'Inde, la Sibérie,
Ceylan, Madagascar, la Perse, l'Arabie,
Viennent frapper les yeux du grand contemplateur,
Qui paraît comme un ange assis sur l'équateur;
A qui la terre montre, en tournant la Turquie,
L'Autriche, Wurtemberg, la Saxe, la Russie,
L'Egypte, Tombouctou, le Congo, Zanguebar,
L'empire de Maroc, l'Espagne, Gibraltar,
Alger, le Portugal, la France, l'Angleterre,
Qui doucement s'élève au fond de l'atmosphère.

Plusieurs de ces états et leurs peuples divers
Sont séparés entr'eux par des lacs ou des mers,
Ou des fleuves profonds, tortueux dans leur course,
Qui joignent en fuyant l'eau des mers à leur source.
Les uns coulent au nord, les autres au levant,
Plusieurs vont au midi, d'autres vers le couchant,
Qui par leurs grands détours entourent des montagnes,
Et vont de chute en chute arroser des campagnes

---

pierre ou table de marbre, avec une inscription et une croix renfermant tous les principaux articles de la foi chrétienne. Cette pierre avait été gravée, dit-on, en 782, ce qui donnerait à croire que le Christianisme y était connu à cette époque. Sur la fin du dix-septième siècle, Mathieu Ricci, jésuite espagnol, l'y apporta de nouveau; et peu de temps après, d'autres jésuites pénétrèrent dans ce vaste empire, et entr'autres le père Le Conte qui a écrit dans ses mémoires de la Chine : « Que ce peuple a conservé pendant plus de deux mille ans la connaissance du vrai Dieu; qu'il a sacrifié au Créateur dans le plus ancien temple de l'univers; que la Chine pratique les plus pures leçons de la morale, tandis que l'Europe est dans l'erreur et la corruption ». Ces missionnaires, après avoir fait un grand nombre de prosélytes, finirent par se quereller entr'eux, comme ils ont accoutumé de faire en Europe, ce qui les fit mépriser et totalement expulser de ces contrées. Depuis cette époque on n'a plus voulu entendre parler d'une telle doctrine.

Couvertes de moissons, de châteaux et de cours,
De bosquets, de jardins, de villes et de tours.

Quel grand spectacle, enfin, présente cette vue !
Que d'objets différens fournit cette étendue :
Ici le sol est plat, frais, beau, délicieux,
Fertile, toujours vert; autour il est affreux,
Tout hérissé de pics dont les blanchâtres cîmes
Sont des glaciers crépus, terribles et sublimes.
Tel est le grand Thibet, plateau des plus charmans,
Et le plus haut du globe, où des monts étonnans
Forment autour de lui, de chaînes entassées,
Des montagnes de roc, dont les têtes glacées
Semblent des créneaux grands, forts et majestueux
Qui mêlent leurs sommets aux nuages des cieux.
Ces grotesques rochers forment des pyramides,
Des colonnes sans nombre et des dômes splendides :
Les uns ronds, grands et droits, cylindriques, pointus;
Les autres recourbés, énormes et tortus.
Entassés l'un sur l'autre, ils sont inabordables;
On dirait qu'un seul va briser tous ses semblables,
En s'élançant d'en-haut dans de riches vallons,
Où tout sera broyé sous ses fougeux sillons.
Tels sont plusieurs sommets hardis des Pyrénées,
Où brillent à leurs pieds des plaines fortunées,
Et le grand Altaï [1] dont les pics entr'ouverts
Disputent aux oiseaux la région des airs ;
Et les fameux Ourals qui séparent l'Asie
De l'Europe en fendant l'empire de Russie.

Sur ces monts escarpés on voit d'immenses creux,
Des cavités sans nombre et des antres affreux,
Où vont pour se cacher des animaux perfides,

---

[1] Haute montagne d'Asie entre le Thibet et les Ourals. Le petit Altaï a 1095 toises de hauteur.

Tels que corbeaux, hiboux et des aigles rapides ;
Et l'on a souvent vu ces rocs entortillés
De monstrueux serpens ou de dragons ailés,
Dont les corps écailleux se traînant sur ces pentes,
Les yeux gonflés de rage et les gueules béantes,
Suivaient à sauts pressés les frêles habitans
Qui gardaient leurs troupeaux au pied de ces penchans.
Ces endroits caverneux, si tristes et si sombres,
Immuables séjours des échos et des ombres,
N'impriment aux mortels que l'effroi, la terreur,
La crainte des périls, la tristesse et l'horreur.
Quelquefois des devins sortent de ces tanières
Pour livrer des combats aux bêtes les plus fières,
Aux tigres, aux lions, aux ours, aux sangliers,
Qui marchent à pas lents sur ces rochers altiers.
La foudre, accoutumée à ravager la terre,
A peine fait trembler leur fureur sanguinaire,
Tandis que les échos, de ses mugissemens,
Ebranlent quelquefois ces rochers menaçans !... [1]
   Que de variétés ! que de belles nuances
Présentent à l'esprit ces régions immenses,
Quand le Dieu de clarté reparaît à nos yeux,
Que le temps est serein sur terre et sous les cieux !
Des nuages brillans ou châteaux d'atmosphère,
Planant sur les hauts pics dispersés de la terre,
Font comme une fumée ou des brouillards épais
Qui flottent sur les tours d'un amas de palais.
Les monts non hérissés, ou croupes des montagnes,
Qui s'élèvent en long au dessus des campagnes,

---

[1] Nous promettons, si le temps nous le permet, de donner dans quelque autre édition une description en vers de l'univers ou des quatre parties du monde, qui sera encore mieux suivie et bien plus correcte que celle que nous donnons dans celle-ci.

Ressemblent dans ces jours à des sillons dorés
Qui cachent sous leurs flancs des bas-fonds azurés.
Qui peut en ses écrits nous tracer la peinture
Des naïves beautés qu'étale la nature?
L'Afrique, divisée en plusieurs grands états,
Etonne par ses beaux et ses hideux climats;
L'Egypte, au bord du Nil, n'est qu'un jardin de plantes,
Qu'un sol toujours couvert de moissons abondantes,
Tandis qu'à Sahara l'on ne voit que déserts,
Que terrains sabloneux brillans comme des mers.

 Quel ordre! quel éclat dans l'empire du monde!
Que de pompe, en un mot, sur la terre et sur l'onde!
L'onduleux Océan est couvert de vaisseaux
Tels que chaloupes, bricks, qui flottent sur les eaux,
Les uns calmes au port, d'autres qui se promènent;
Plusieurs vont au Levant d'où tant d'autres reviennent,
Et bravent les dangers de pays en pays,
Pour des peuples divers échanger les produits.
Soit par leur élégance, ou leurs forts assemblages
De voiles et de mâts et leurs nombreux cordages,
S'ils se croisent en route en différens endroits,
On croirait voir des bourgs couverts de sombres bois.
Leurs drapeaux somptueux en couleurs élégantes
Brillant sur leurs sommets, et leurs flammes flottantes
Leur servant à la fois de titre et d'ornemens,
Présentent sous le ciel un aspect des plus grands.
Par un temps calme et doux, quand la brise est légère,
Sur le cristal des mers leur marche est régulière;
Mais si le vent s'irrite, on voit tous ces vaisseaux
Foulés, battus, brisés, engloutis par les flots.
Le moindre instant suffit pour gonfler l'atmosphère,
Pour soulever les mers et calmer leur colère:
Car celui qui soutient les astres dans les airs,
Par sa force dirige à son gré l'univers.

Ces vaisseaux quelquefois entr'eux se font la guerre :
Sur leurs ponts élevés ils portent le tonnerre :
Quand l'orgueil irrité les incite aux combats,
Leurs foudres couvrent l'air et tout vole en éclats.
Ces grands coureurs de mer n'ont pas plus de prudence
Que ceux qui sur la terre, enivrés d'arrogance,
Se détruisent entr'eux : partout l'ambition
Incite les mortels à la désunion.
   L'Esprit s'élève encore et voit le pôle arctique ;
Se tournant, voit celui qu'on appelle antarctique ;
Le soleil sur sa tête éblouit tous les cieux,
L'atmosphère répand un éclat merveilleux ;
Mais, au Nord et au Sud, des montagnes de glace
Elèvent leurs hauts fronts au lointain dans l'espace.
Dans ses rudes climats rien ne vit, rien ne croît :
C'est l'éternel séjour de la neige et du froid :
Le grand coursier du temps, en suivant sa carrière,
A peine y fait briller sa tremblante lumière,
Tandis que, sous ses pas, ses rayons dévorans
Des terres et des mers brûlent les habitans.
Par le froid et le chaud cette terre mobile,
Aux bouts et sous la ligne, est un globe infertile.
   Par ses nobles regards sondant tous les climats,
Sous un ciel plus heureux cherchant d'autres appas,
Il contemple l'Indus, charmant fleuve d'Asie,
Qui du Thibet s'enfuit dans la mer d'Arabie ;
Le Gange à longs détours, grand fleuve d'Indoustan,
Qui parcourt cinq cents lieues et fuit vers le Levant ;
Le célèbre Kiang qui doucement chemine
Du Thibet à Nankin, et partage la Chine ;
Le Danube inégal, coulant dans un bassin
Qui s'étend sur le quart du sol européen ;
Sur le sol de la France il voit couler le Rhône
Qui dans son sein reçoit et l'Isère et la Saône ;

Au couchant c'est la Seine où plusieurs grands vaisseaux
Se bercent lentement sur ses limpides eaux ;
A son Nord est le Rhin, dont les eaux peu tranquilles
Forment beaucoup de lacs, de plis, de bras et d'îles.

 C'est sur les bords fleuris de ces fleuves bourbeux,
Serpentant sous un ciel serein et radieux,
Qu'il voit de vastes fonds qu'un circuit de montagnes
Met à l'abri des vents ; de riantes campagnes
Dont les côteaux touffus de forts arbres épais
Forment sur ces contours de nombreuses forêts ;
Et si les habitans, soigneux, prudens, habiles,
Ont prodigué leurs soins à les rendre fertiles,
Ces côteaux sont couverts d'arbustes merveilleux
Qui produisent des fruits d'un goût délicieux.
D'agréables bosquets s'élèvent sur ces pentes,
Où vont se promener dans les saisons brillantes
De fortunés mortels, sous de verts pavillons,
Pour contempler l'azur qui rit sur des vallons
Où coulent des ruisseaux et naissent des fontaines
Qui mouillent le gazon, vont arroser des plaines
Couvertes de grands prés, de villes, de hameaux,
De maisons de plaisance, et d'immenses châteaux
Ornés de hautes tours, de dômes dont les faîtes
Portent des flèches d'or, des fleurs, des girouettes
Qui, tournant dans le ciel, indiquent aux colons
L'inconstance des vents mobiles des saisons.

 Si les arts dans ces lieux ont porté la parure,
S'ils ont de ces palais orné l'architecture
Et semé leurs trésors dans les appartemens,
Les nuances du ciel et les fleurs du printemps,
Peintes dans les salons sur des tapisseries,
Surpassent les beautés des campagnes fleuries :
Le vert, le gris, le rouge et le bleu du pastel,
Composent sur ces murs un printemps éternel.

De ces Louvres charmans les chambres sont parées
De sofas damassés, de commodes dorées,
D'horloges de grand prix, de miroirs précieux,
De rideaux à glands d'or, de tableaux merveilleux
Où sont représentés les jeux, l'amour, la gloire,
Les nations, les mers, les croyances, l'histoire,
Et des peuples vaillans, des empereurs, des rois,
La gloire, les combats, et les brillans exploits.
Un sujet représente un banquet d'épousailles,
Un autre des héros les sanglantes batailles :
Le premier n'offre aux yeux qu'agrémens et douceurs,
Pompe, éclat, doux souris, danses, jeux et grandeurs.
Ces tableaux où tout n'est que belles promenades,
Que charmes, harmonie et tendres accolades,
Sont des miroirs parfaits de l'affabilité !
Le sang fait des seconds le prix et la beauté :
Plus de douceurs ! de ris ! C'est la guerre cruelle !
Sur le front des guerriers la fureur étincelle
Qui, le fer dans les mains, assommant les blessés,
Font cabrer leurs chevaux sur des corps renversés !
Ces terribles portraits font les douces délices
De ceux qui des mortels révèrent les caprices.
Les hommes, d'après eux, ne peuvent être grands
Qu'à mesure qu'ils sont hautains, extravagans.
S'ils vantent les Césars, les Huns, les Alexandres,
C'est qu'ils ont sans pitié mis des villes en cendres,
Et porté leurs fureurs, et le fer et le feu,
Dans les palais des rois, dans les temples de Dieu.
D'autres portraits, enfin, représentent des sages
Qui se sont illustrés par leurs savans ouvrages,
Tel qu'un judicieux et critique Boileau ;
Un triste, infortuné, mais célèbre Rousseau ;
Un éloquent, précis et sublime Virgile ;
Un simple, naïf, sage et vertueux Delille.

Que d'élégance en tout! que d'étonnans objets
Décorent tous les points de ces divins palais;
Tout l'intérieur semble un bijou de peinture,
L'extérieur un type immense de sculpture.
Des tigres de métal, ou d'énormes lions,
Sont d'éternels gardiens autour de ces maisons;
De bronze ou de vermeil, des pignes et des pommes
Et des festons de pierre enrichissent les dômes,
Les flèches, les balcons, les colonnes des tours,
Les niches et les arcs qui brillent sur les cours.
Autour sont des jardins, embellis de parterres,
Tous émaillés d'œillets et de fleurs printannières.
Des poiriers façonnés, des orangers, des pins,
Des ifs entremêlés de lilas et de thyms,
Forment de beaux contours et de longues allées
Qu'on maintient en tout temps artistement sablées.
Quelquefois, au milieu de ces jolis jardins,
Des poissons bleus ou verts nagent dans des bassins
De granit rayonnant, où de belles fontaines,
En marbres nuancés, en bronze, en porcelaines,
Forment des jets divers qui font jaillir les eaux
Au devant merveilleux de ces riches châteaux.
Là vont se promener des hommes de tout âge,
Des époux, des enfans, sous le sombre feuillage
Des sapins, des cyprès, des myrtes toujours verts,
Qui portent des parfums même au sein des hivers,
Où, parmi l'épaisseur des palmiers et des hêtres,
Se bercent les amours et les nymphes champêtres.
L'alouette en chantant s'élève dans les airs,
Comme pour révérer le roi de l'univers,
Tandis que les ruisseaux, arrosant ces prairies,
Gazouillent tendrement sous les herbes fleuries.
 Toutes ces raretés, ces jeux, ces agrémens
Font des séjours divins de ces châteaux charmans

Où brillent ces beaux jours, séduisans, agréables,
Ces joyeuses saisons, belles et favorables
Quand l'astre du matin, par ses divins attraits,
Des arbres et des monts va dorer les sommets,
Et que d'un doux essor faisant le tour du monde,
Il enchante à la fois, le ciel, la terre et l'onde.
Dans ces lits verdoyans alors tout croît, tout rit.
Le tout n'est qu'un concert où tout se réjouit :
Là, vignes et moissons, prés, jardins, bois, verdissent ;
Les fleurs ouvrent leur sein, les bosquets retentissent ;
Et des plaisirs sans fin, des parfums inconnus,
Sont par les doux zéphyrs dans les airs répandus ;
Bergères et bergers, quand leurs troupeaux bondissent,
Ou qu'ils paissent parmi les herbes qui fleurissent,
Le front paré de fleurs, chantent des airs nouveaux,
Et mêlent leurs accens au doux chant des oiseaux.
Que d'innocens plaisirs ce temps en nous éveille
Et nous conduit joyeux de merveille en merveille !
Les rossignols sautant sur de souples buissons
Chantent de toute part, nuit et jours, leurs chansons ;
Les papillons légers, adorateurs des plantes,
Déployant les rubis de leurs ailes charmantes,
En suçant le nectar des corolles des fleurs,
Baisent légèrement leurs aimables couleurs ;
Les habitans des airs, chantres de la nature,
Perchés sur les rameaux de la tendre verdure,
Par leurs chants doucereux, sonores et perçans,
Animent les bosquets, et les bois et les champs ;
Et le peuple enchanté jouit, rit, se repose
En cueillant le jasmin, la violette et la rose.
S'il est paisible, uni, prudent, laborieux,
Le ciel le favorise et couronne ses vœux ;
Partout il fait mûrir, partout il fait éclore,
Et les fruits de l'automne et les présens de Flore,

Pour que grands et petits, dans les jours du repos,
Puissent fêter ensemble à l'ombre des ormeaux,
Respirant l'air serein qui souffle à leur visage,
Et l'or pur du soleil qui dore le feuillage.
Tous deux pères communs des jeux et des zéphyrs,
De ces festins joyeux augmentent les plaisirs.
Plus loin des arbres verts, aux cimes bien touffues,
S'élevant dans le ciel, se perdent dans les nues
Où folâtrent, dans l'air, mille sortes d'oiseaux
Qui suspendent leurs nids au milieu des rameaux.
D'autres moins élevés étendent leur feuillage,
Et mettent les moissons à l'abri de l'orage.
Les uns bordent des champs, les autres des sentiers,
D'autres de grands chemins, plusieurs sont des fruitiers
Dont les fruits savoureux et les fleurs ravissantes
Enrichissent le sol de ces plaines brillantes
Où d'immenses trésors s'écoulent de leurs seins,
Quand le Seigneur bénit l'ouvrage des humains!
L'étranger égaré, se trouvant sans asile,
Au clair du firmament passe la nuit tranquille
Sous des saules-pleureurs, en contemplant ces feux
Qui brillent dans l'azur de la voûte des cieux.
Au milieu d'un concert d'oiseaux et de rainettes,
Du glou-glou des ruisseaux et du chant des fauvettes,
Assis sur le gazon, au doux sein du repos,
S'il s'endort, le sommeil lui verse ses pavots,
Jusqu'au moment qu'on voit reparaître l'aurore
Qui ramène le jour dès qu'elle veut éclore,
Et que tous les colons, reprenant leurs travaux,
Dans ces lieux fortunés ramenant leurs troupeaux,
D'un courage inconnu, d'une ardeur sans égale,
Chantent à leur travail dès l'aube matinale!

L'Esprit, sur les nues, après avoir contemplé l'univers, réfléchit sur la triste situation des premiers habitans de la terre. Il démontre les progrès et la nécessité de l'agriculture, des arts, de l'industrie et du commerce, d'où tout vient, tout dérive; et classe les hommes laborieux et ceux qui les dirigent au premier rang de la société: ce sont eux, en effet, que les peuples devraient le plus respecter et honorer sur la terre. Il finit, enfin, par donner l'analyse des principaux produits de l'esprit humain.

Tant de variétés, ou d'objets si frappans,
Inspiraient à l'Esprit des transports renaissans ;
Et de tout l'horizon contemplateur fidèle,
Recevant du soleil la lumière immortelle,
Planant au beau milieu des nuages ouverts,
Il semblait un Dieu fort environné d'éclairs.
Des nuages épais, d'une blancheur extrême
Qui décorait le ciel et la terre elle-même,
Lui formaient un séjour tellement merveilleux,
Qu'il ne voulait jamais quitter le haut des cieux.
Dans ces champs de splendeur, trône de l'innocence,
N'étant plus sous les lois de la fière arrogance
Des prévaricateurs, insolens et pervers,
Qui perdent les enfans du roi de l'univers,
Et dédaignant tous ceux qui vivent d'artifices,
Qui se font un orgueil de révérer les vices,
Qui par leur despotisme et leur cupidité
Rompent tous les liens de la société,
Cherchant de l'univers les causes inconnues,
Il méditait sans cesse et disait dans les nues :
On dit qu'il fut un temps appelé l'âge d'or !
Pour des cœurs généreux ce temps existe encor :
Le bonheur est le fruit d'une plante féconde,
Qui croît partout, toujours, pour embellir le monde.

Mais il n'habite point dans un cœur corrompu
Qui vit en oppresseur, sans travail ni vertu.
Admire qui voudra le sort de nos ancêtres :
D'après moi les premiers étaient de tristes êtres.
Privés de la plupart de nos arts créateurs,
Et ne connaissant point leurs charmes enchanteurs,
Ils ne pouvaient goûter de pures jouissances :
Que serait-on, hélas ! sans métiers ni sciences !
Pour qu'un peuple devienne heureux et florissant,
On doit le rendre libre, et sage et vigilant.
Mère unique et féconde, ô puissante industrie !
A toi seule on doit tous les charmes de la vie !
Quand ton astre divin enflamma l'horizon,
Tout le globe changea de figure et de nom !
De tes dons précieux tu sus orner sa face !
Heureux est le mortel qui suit encor ta trace !
Dès que l'homme eut appris à fondre les métaux,
L'univers tressaillit en voyant ses travaux !
Le fer brisa le fer, creusa, broya la terre ;
Fendit, polit le bois et fit trembler la pierre
Qui ne put résister à ses coups redoublés :
Que de beautés fit-on de ces corps isolés !
Des bourgs et des cités s'élevèrent, fleurirent ;
La raison s'agrandit, les peuples se polirent ;
Les sages sous leurs toits, à l'abri des frimats,
Même au sein des hivers occupèrent leurs bras ;
Le colon sous le chaume, oubliant la froidure,
Prépara les outils propres à la culture.
Ainsi laissant couler la rigueur des saisons,
Sans perdre nul instant il chanta ses chansons !
De chanvre ou de lin fin l'intrépide bergère
Coiffa sur ses genoux sa quenouille légère ;
Par les ciseaux la laine enlevée au bélier,
Passant de main en main du rouet au métier,

De l'eau claire au soleil, de lavage en lavages,
Devint un tissu propre à des milliers d'usages ;
De ce beau duvet l'homme apprit à se couvrir ;
Le végétal impur cessa de le nourrir:
L'arbre fut enrichi d'une tige étrangère
Qui corrigea les fruits de leur saveur amère.
L'homme n'adorait pas encore le vil or !
Les talens tous les jours étendaient leur essor.
Lorsque l'on eut dompté l'animal intrépide,
Le soc lourd et tranchant fendit le sol aride;
L'onde pure arrosa les prés et les jardins ;
Des côteaux et des monts on fouilla les terrains;
Quand la vigne eut orné leur pente délabrée,
Le pied foula bientôt la vendange pourprée,
Dont le jus délectable enrichit nos festins :
C'est le nectar des dieux, des rois, des souverains.
Dans ces jours fortunés, au sein de l'abondance,
De l'art de raisonner on fit une science.
Cet art embrassa tout : tout fut soumis à l'art !
L'équité, de ces dons voulant prendre sa part,
Arbora le drapeau de la grande justice!
Des sages par des lois triomphèrent du vice !
L'usage de leurs sens, les facultés du corps
Déployèrent bientôt leurs étonnans ressorts ;
L'art de peindre les mots rapprocha les distances;
Le commerce étendit soudain ses bras immenses,
Sur ses maisons de luxe il traversa les mers,
Pour semer ses produits jusqu'au sein des déserts,
Et des peuples lointains ramassant les denrées,
De leurs riches trésors il orna nos contrées.
Le sucre, le café, quittèrent leurs climats
Pour porter leurs parfums au sein de nos repas;
Les perles du Levant, les laines de l'Espagne,
Le vernis du Japon, les vins de la Champagne,

Le riz de Bornéo, le musc de Sumatra,
L'ivoire de Ceylan, le corail de Java,
Le granit de Naxos, l'ambre de la Baltique,
L'encens de l'Arabie et l'or de l'Amérique,
S'échangèrent en grains, en tissus moëlleux,
En pourpre, en diamans, en bijoux précieux.
  L'homme a porté ses pas sur tous les points de l'onde,
Il possède, il connaît tous les trésors du monde :
Si les peuples avaient un peu moins d'oppresseurs,
Ils seraient plus heureux que leurs prédécesseurs ;
Tous vivraient sur la terre encombrés d'opulence,
Si la seule raison dirigeait la balance :
Mais la fortune fait oublier le devoir,
La misère réduit le pauvre au désespoir.
Tel est dans tous les temps des mortels le partage :
Personne ne suit bien les devoirs d'un vrai sage.
Révérons ce grand peuple ennemi de repos,
Qui sans cesse s'occupe à d'utiles travaux ;
Et ces intelligens, sages propriétaires,
Dont le soin principal est celui de leurs terres ;
Et ces industriels, riches chefs d'ateliers,
Dont le commerce occupe un nombre d'ouvriers
Sans fortune, sans biens, livrés à l'indigence,
Et qui par leur travail maintiennent l'abondance.
Qui sait bien employer les bras de l'indigent
Acquiert aux yeux de Dieu le titre le plus grand.
  Ce sage est au-dessus du plus sage qui donne :
Que ferait-on si tous voulaient vivre d'aumône ?
Les riches orgueilleux, quelque grands qu'ils soient nés,
Que seraient-ils bientôt sans les infortunés
Et paisibles colons, laborieux, dociles,
Qui du moindre au plus fort tous se rendent utiles ?
  Dans l'art de la culture on ne perd nul instant,
Quand on est sous un chef adroit et vigilant.

Tout s'y balance bien : l'enfance et la vieillesse,
Et de l'âge moyen la force et la faiblesse :
Qui ne peut soutenir la rigueur du travail,
Appuyé d'un bâton, va garder le bétail ;
Les enfans et les vieux se lèvent dès l'aurore
Pour ramasser les fruits que l'été fait éclore ;
Les bergères aux champs, auprès de leurs troupeaux,
Avec agilité font tourner leurs fuseaux,
Et gardent les moissons des entours qui verdissent,
Les légumes en fleurs et les foins qui mûrissent ;
Les plus ardens de tous, robustes jouvenceaux,
Sont toujours occupés aux plus rudes travaux :
Les uns sèment des grains, d'autres plantent des arbres,
Où brisent des rochers aussi durs que des marbres ;
Plusieurs creusent des puits, unissent des terrains ;
Pour embellir des champs ils comblent des ravins ;
D'autres font des fossés et transportent des pierres
Pour détourner le cours des ruisseaux, des rivières
Dont les sols riverains, fangeux et délabrés,
Deviennent par leurs soins des agréables prés.
Nos lieux les plus charmans et les plus magnifiques
Jadis étaient ingrats, sauvages et rustiques ;
Leurs superbes palais qui frappent nos regards
N'étaient que des rochers ou des cailloux épars !......
Les parcs et les jardins, et leurs rians parterres,
N'offraient que marais creux ensemencés de pierres !...
Nos ayeux, par leurs soins, leurs efforts, leurs talens,
Ont su les rendre beaux, unis, frais, abondans.
Mais c'est à l'homme riche à faire les avances
Qu'exige le travail de ces fortes dépenses,
Si des pauvres il veut chasser l'ignoble faim,
Et se montrer utile à tout le genre humain.
Les plus belles vertus, si rares, si sublimes,
Sont celles de nos cœurs, probes et magnanimes,

Qui, faisant le bonheur de la société,
S'attirent les regards de la divinité.

 Le monarque du ciel et de toute justice,
Prenant toujours plaisir à se montrer propice,
En créant ce bas monde, a fait des animaux
Pour de nos faibles bras abréger les travaux.
Pour notre utilité la divine sagesse
Les doua de courage, et de force et d'adresse.
Voyez ces fiers mulets, et ces jeunes chevaux
Nerveux et pétulans qui portent des fardeaux
Sous le double brancard d'une énorme charrette,
Et trottent sous les plis d'un long fouet qui cliquette;
Et ces bœufs attelés, pressés de l'aiguillon,
Qui tracent à pas lents un pénible sillon !
A ce rude travail leurs corps rendus dociles
Forcent les champs en friche à devenir fertiles.
Deux font dans un matin vingt fois plus de labour
Qu'un colon n'en ferait dans l'espace d'un jour.
L'homme autant que possible abrége ses fatigues:
Employons bien le temps, n'en soyons pas prodigues;
Les soins et les essais, et l'œuvre de nos mains,
Seuls peuvent procurer l'abondance des biens.
Chaque sol a ses fonds et sa température,
Et chaque climat veut sa diverse culture,
Qu'on ne peut obtenir qu'en faisant des essais.
Qui cultive son bien sans redouter les frais,
S'il est prudent, soigneux, d'une ardeur intrépide,
Féconde avec le temps le sol le plus aride;
Et n'augmentant le prix de sa propriété
Qu'à force d'industrie et de sobriété,
Il garde sans remords ce qu'il gagne sans crime;
Sa fortune est durable autant que légitime,
Tandis que l'intrigant n'est jamais en repos;
Entouré de son or il est rongé de maux;

C'est un arrêt divin : il ne peut s'en soustraire,
On ne se rend heureux qu'à force de bien faire.
   C'est ainsi que l'Esprit, en parcourant les cieux,
Tenait sur l'horizon ce discours sérieux ;
De là tournant ses yeux de la France à la Chine,
Il ne laisse en passant nul point qu'il n'examine.
Londres, Paris, Madrid, Moskou, Vienne, Berlin,
Rome, Constantinople, Ispahan et Pekin
Arrêtent ses regards tant par leur élégance
Que par les fortes tours qui forment leur défense
Que d'objets précieux! oh! que de nouveautés
Produit-on tous les jours dans ces belles cités!
Les uns font des glands d'or, d'autres des draperies,
Des bonnets panachés, des dentelles fleuries,
Des ombrelles, des schals, des cordons, des rubans,
Des habits somptueux, des chapeaux élégans,
Des bouquets à la main dont les fleurs sont si belles
Qu'on les croirait d'abord fraîches et naturelles.
Que l'homme, disait-il, en tout fait des progrès !
Oh! qu'il serait heureux s'il domptait ses excès!
Si tous observaient bien les lois de la prudence,
Tout le monde vivrait au sein de l'abondance.
Fuyez, sages, fuyez ces momens de fierté
Qui perdent votre honneur, vos biens, votre santé.
D'autres dans des creusets épurent la matière ;
Des divers minéraux qu'ils tirent de la terre,
Forment des ornemens et bien faits et jolis,
Qui d'un rien qu'ils étaient deviennent d'un grand prix,
Tels que verres dorés, bijoux, flacons, fontaines,
Cristaux coloriés, carafes, porcelaines,
Lampes, lustres fleuris qu'on croirait faits au tour,
Qui changent par leurs feux les ténèbres en jour.
Esprit noble, inventif, tout cède à ton empire :
La toile est animée et le marbre respire ;

Et le cuivre et le bois, transformés en clairons,
En fifres ou pianos, trompettes ou violons,
Chantant des doux époux les amours et les fêtes,
Et des nobles guerriers célébrant les conquêtes,
Unissant l'harmonie à leur sonore voix,
Font parler les salons et retentir les bois.
Dans les riches palais plus d'une étoffe éclate
Du jaune des soucis, des beautés de l'agathe,
Du violet des lilas, du rouge des rubis,
Du vert de l'émeraude et du bleu de l'iris ;
Et les divers attraits qu'offrent cette élégance
Ne sont que les produits de notre intelligence.
L'homme habile copie, imite, contrefait
Les ouvrages d'un Dieu juste, grand et parfait :
Les rocs les plus affreux changés en chaux, en plâtre
Acquièrent la blancheur des lys et de l'albâtre,
Et forment sur les murs de nos belles maisons
Des corniches, des fleurs, des frises, des festons,
Des corbeilles, des fruits, des enfans, des gravures,
Des roses, des œillets, embellis de peintures,
Et tant d'autres objets dont les traits corporels
Surpassent les beautés des charmes naturels.
Plusieurs hommes d'esprit sont devenus si sages,
Que, s'ils pouvaient d'une ame animer leurs ouvrages,
Ou leur communiquer du ciel le mouvement,
Ils feraient un soleil, un monde, un firmament.
Le bronze avec l'acier calculent et raisonnent ;
Dans les tours et clochers ils marchent, frappent, sonnent
Au moment qu'on désire ; et par leurs mouvemens,
Dans des bijoux en or, ils mesurent le temps.
Maintenant, dit l'Esprit, que la terre est charmante !
En cultivant les arts on y rit, on y chante !
La raison tous les jours dissipe les vapeurs :
Déja des nations elle a changé les mœurs !

A son auguste voix les cités s'embellissent,
Les sols marécageux et les rochers fleurissent!
Des troupes d'ouvriers avec assiduité,
Le compas sous les yeux et l'équerre au côté,
Le tranchant dans les mains, taillent de fortes pierres,
Pour dresser de grands ponts sur de larges rivières
Où vont plusieurs chemins dont le sol aplati,
Ferme, sablonneux, sec, sans cailloux, bien uni,
Franchissant des marais, passant sous des montagnes,
Sur des ravins comblés, parcourant les campagnes,
Et joignant les endroits, tant villes que hameaux,
Préservent les piétons de la boue et des eaux.
Là, chars et cavaliers, voitures suspendues,
Vont comme des vautours qui volent dans les nues;
Et le fer sur le fer porte le voyageur
Dans des chars somptueux, poussés par la vapeur,
Qui, courant ces sillons comme des hirondelles,
Nous paraissent munis d'instinct, de duvet, d'ailes.
S'ils passent sous nos yeux, dans le plus court instant
La poussière s'enfuit et l'ombre avec le vent.
Tant de routes, dit-il, sont l'ame du commerce,
De nouvelles partout tous les jours on en perce;
Bientôt nos voyageurs ne seront plus inquiets
De se plonger la nuit dans d'indignes marais.
Quand Mars ne cherche plus les exploits de Bellonne,
Tout le monde jouit et tout se perfectionne,
Surtout quand les états, libres, sont gouvernés
Par des hommes puissans, sages et fortunés
Dont les rares vertus illustrent leur patrie
Et font vivre leurs noms au delà de leur vie.

L'Esprit, après avoir parcouru l'horizon, s'élance au soleil d'où il contemple le cours des planètes. Recherchant les lois de Dieu et les ressorts qui font mouvoir l'univers, il passe au-delà de notre tourbillon, où il rencontre, sous de nouveaux cieux, la Discorde qui lui donne une haute idée de l'Etre suprême. Elle se vante d'être la reine du monde, fait arborer les bannières des principales sectes des nations de la terre, donne une longue énumération de l'orgueil des grands, et finit par les faire s'égorger entr'eux à cause de leur ambition et de leurs diverses croyances.

Animé par l'esprit du Dieu qui l'a fait naître,
Le grand contemplateur désirant tout connaître,
Parcourant l'horizon de degrés en degrés,
Cherchant à pénétrer les mystères sacrés
Qui voilent l'univers et la toute-puissance
Du Dieu qui régit tout avec tant de prudence,
Et les trompeurs attraits qui portent les mortels
A s'égorger entr'eux en dressant des autels,
Il s'élance au soleil !... A peine il voit la terre
Qui brille comme un astre entouré de lumière,
Et dont les merveilleux et divers mouvemens
Dispensent les saisons, et les jours et les ans.
En suivant une ellipse immense dans le vide
Par l'essor noble et grand de sa marche rapide,
Que de globes flottans, que de mondes divers,
De là voit-il voler dans ce vaste univers !
Globes à ses côtés, sous ses pieds, sur sa tête !
La terre ne paraît qu'une simple planète
Semblable par son lustre à Mercure, à Vénus,
A Mars, au beau Saturne, et dépasse Uranus
Qui semble voyager à travers les étoiles
Où souvent le lointain lui sert de sombres voiles ;
Tandis que Jupiter, dans un orbe moins grand,
Entraîne par son cours un cortége étonnant

D'autres mondes moins beaux qui suivent des ellipses
Et forment avec lui d'étonnantes éclipses.
   Cherchant à pénétrer quelque autre région,
D'un seul vol il s'enfuit au-delà d'Orion.
Promenant ses regards il ne voit plus la Lyre;
Il se trouve au milieu d'un nouveau vaste empire
De soleils ondoyans, immenses, radieux,
Qui semés au lointain formaient de nouveaux cieux.
Dans ce vide infini tous également libres,
Sur leurs centres communs gardant leurs équilibres,
Sans cesse assujettis à d'éternels ressorts,
Entraînent autour d'eux un amas d'autres corps,
Dans des orbes divers dont la vaste étendue
Surpasse des mortels et les sens et la vue :
De l'espace un seul monde est à l'immensité
Ce qu'un instant du jour est à l'éternité.
Ce nouveau ciel répand une nouvelle flamme.
Une divine ardeur s'empare de son ame,
Et comme il s'écriait : Qu'est puissant le Seigneur
Qui dans ce bel ouvrage a mis tant de grandeur !
Et qui pourra jamais dépasser la limite
Qui forme le séjour où ce grand être habite!
Il voit venir à lui la figure et les traits
D'un monstre qui volant dans un nuage épais,
D'une taille géante et d'une forme horrible,
Par ses dards et ses feux se montrait invincible.
Et l'orgueil sur sa tête et l'intérêt aux reins,
D'envie étaient ses bras, et la furie aux mains;
Sous ses pieds gémissait la craintive ignorance,
Ses cheveux hérissés portaient la turbulence,
Une large légende entourait son grand front,
Avec ces mots en or : La Discorde est mon nom.
   L'Esprit plein de ferveur, et dont l'intelligence
Perce dans l'infini, la regarde et s'avance.

La trompeuse au teint fier, en dressant ses cheveux,
Lui fait une accolade, et d'un ton somptueux
Lui dit : Etre divin, quelle est cette allégresse
Qui te porte à courir avec tant de vitesse?
Je cherchais, dit l'Esprit, ces êtres si puissans
Qui des astres ont su poser les fondemens.
L'orgueilleuse aussitôt, mère de tous les crimes,
Prononce avec respect ces paroles sublimes :
 « Cet univers si grand et si majestueux,
Cet ordre universel de la terre et des cieux,
L'harmonie et les lois d'une telle structure,
Attestent qu'un Dieu fort gouverne la nature.
Tout sage et bel esprit, en tout temps, en tout lieu,
D'un cœur noble et soumis adore ce seul Dieu,
Qui conduit ce grand tout pour montrer sa puissance
Rien ne peut échapper à son intelligence :
De sur son trône il voit l'immensité des temps,
Et dirige le cours de ces astres brillans
Qui peuplent l'univers, qui nagent dans l'espace.
Il n'est rien qu'il n'anime, il n'est rien qu'il n'embrasse,
Car ce maître absolu, ce pouvoir éternel,
Est un être immuable, unique, universel.
 « Les crimes, l'injustice, inondent-ils la terre?
Contre les vils mortels il s'arme de colère :
Croit-on qu'un Dieu parfait, modèle des vertus,
Se plaise à protéger des enfans corrompus?
C'est un Dieu de grandeur, de paix et de clémence,
De justice et de gloire, et d'une force immense!...
Veut-il épouvanter les peuples, les tyrans,
Il soulève les mers, il déchaîne les vents :
La tempête à sa voix s'agite autour du monde;
L'atmosphère en courroux se débat, mugit, gronde :
Tout devient sombre ou noir!... Ce ciel d'un si beau bleu
N'est plus qu'un Océan ténébreux et de feu!...

L'orage vers l'orage avec fracas s'avance;
Le tonnerre s'enflamme et se gonfle et s'élance,
Et ses feux sillonnant les flots impétueux
Roulent, versent les airs et font trembler les cieux.
Si ces flots enflammés s'élancent sur la terre,
Que ce Dieu courroucé déchaîne sa colère,
Tout se rompt sous le poids de la masse des vents :
Rien ne peut résister aux fougueux élémens :
Ils renversent les bois, ils déciment les arbres,
Ils fendent les rochers, ils écrasent les marbres,
Et les plus hautes tours et les murs les plus forts
S'écroulent sous les coups de leurs puissans efforts!...

« D'un clin d'œil il soulève, il apaise l'orage,
L'espace est son séjour, le monde est son ouvrage :
Il a fait ces soleils[1], surpassant les éclairs,
Qui de leurs feux sans fin inondent l'univers;
Et ces mondes flottans[2] d'une si forte masse
Qui brillent dans l'azur et tournent dans l'espace.
Par sa force invincible ou son bras tout puissant,
Lui seul tient l'univers toujours en mouvement;
Et la terre où l'on voit tant de biens, d'opulence,
Ne lui paraît qu'un point qui vibre en sa présence.
Car cet être suprême est si fort et si grand
Qu'un seul monde à ses yeux est un rien, un néant.

« Qui règle les saisons, les jours et les années,
Peut des faibles mortels changer les destinées :
Quand la vertu gémit sous les lois des ingrats,
Il détrône les rois, il change les états;
Car ce juge parfait, dont la toute-puissance,

---

[1] Les étoiles fixes, considérées par les astronomes comme autant de soleils.

[2] Les planètes et leurs satellites, considérées comme autant de terres habitées comme la nôtre.

Unit tant d'harmonie à la magnificence,
Peut, du haut de son trône, élever l'innocent,
Et défendre le juste et perdre le méchant !...
En lui reste un vengeur, ennemi de tout crime,
Qui compte les soupirs de l'humble qu'on opprime,
Et qui juste envers tous ne laisse au criminel
Que l'espoir dévorant d'un supplice éternel.
L'orgueil le méconnaît, l'infortuné l'implore,
L'insensé le blasphême et le sage l'adore,
Et le coupable atteint ou noirci d'attentats
Voudrait de tout son cœur que ce Dieu ne fût pas !...
Mais c'est en vain qu'il forme un désir téméraire :
A ses cruels remords il ne peut se soustraire.
S'il laissait vivre en paix l'impie et le méchant,
Il ne serait plus Dieu, ni juste, ni puissant !...

« Ces nombreux tourbillons de soleils et de mondes
Sont soumis aux grands soins de ses vertus fécondes :
Ils changent dans les flancs de sa divinité :
Lui seul reste immuable avec l'éternité [1].

Centre de tous les biens, tout coule de cet être !...
Peuples de l'univers, adorez ce seul maître :
Riches, pauvres et grands, heureux ou malheureux,
Aimez-le pour lui seul : adressez-lui vos vœux.
C'est l'Etre universel ; c'est l'Etre indivisible :
Les autres Dieux sont faux ; lui seul est infaillible !...
La puissance et les droits de sa vaste unité
Composent la grandeur de sa divinité !...
Telle est de l'univers la croyance éternelle :
Le premier des instans n'est pas plus ancien qu'elle !

[1] Ces quatre vers, si grands et si sublimes, ne peuvent être compris que des philosophes les plus éclairés. Il faut avoir la plus haute idée de Dieu et de l'univers pour pouvoir en démêler le sens.

Tous ces Dieux d'intérêt qu'on voit en tant de lieux,
Supposés des mortels, ne sont que de faux Dieux!...
Le monarque du ciel est un Dieu de justice!
Il abhorre l'encens offert par l'injustice!......
Au pied de ses autels les fourbes pénitens
Vantent en vain leurs lois, leurs vœux et leurs tourmens;
Mais aussi qui l'adore en une paix profonde,
Toujours inaccessible aux vains attraits du monde,
N'observant d'autres lois que la sainte équité,
Est parfait aux regards de sa divinité!... »

Grand Dieu! disait l'Esprit, ce discours est auguste!
Il s'écriait tout bas: La Discorde!... Elle est juste!...
Tu connais, lui dit-il, le séjour des mortels,
Leurs vertus, leurs défauts, leurs rites, leurs autels,
L'opulence des grands et la belle éloquence
Qui coule de leur bouche avec tant d'abondance!
Comme les gens de lois, les académiciens,
Et du vaste univers tous les théologiens!...
Ces docteurs, d'après moi, sont justes et très sages :
Le monde universel révère leurs usages :
Tout est grand et parfait dans leurs sociétés!...
En eux est le dépôt des saintes vérités!......

Pouf! pouf! de telles gens, dit la malicieuse
A cent mille regards, et funeste et trompeuse,
Oh! oh! ce sont bien ceux qui couronnent mes vœux :
Dans le séjour des fous que serais-je sans eux!
Ils n'ont dans tous les temps jamais été tranquilles :
Le faux, le vrai, l'obscur, usages inutiles,
Lois, mœurs, antiquités, occupent ces docteurs:
Je me ris quand j'entends tous ces déclamateurs.
Leurs fulminans cerveaux préfèrent les querelles
A des sociétés qui soient industrielles!
Si parmi ces docteurs quelques-uns raisonnaient,
Les autres seraient là qui les détourneraient.

Si, semblable à ces grands, la puissance éternelle
Qui règle l'univers se débattait entr'elle,
Cet ordre si parfait de la terre et des cieux,
Ne deviendrait-il pas un chaos monstrueux ?......
Et ces docteurs croient-ils sans soins et sans culture
Par leurs rêves diffus embellir la nature ?...
Mortels, à vous, dit Dieu, j'ai donné le bon sens
Afin que vous puissiez dompter les élémens !...
Que l'ordre règne en tout : vous êtes sur la terre
Pour embellir le sol de cette bonne mère !
Que prés marécageux, monts, déserts et penchans,
Deviennent par vos soins des parterres charmans :
Alors vous trouverez la pure jouissance,
Les plaisirs les plus doux au sein de l'abondance ;
Le travail nourrit l'ame et répand des appas,
Des charmes et des biens même au sein des frimats !...
Si le maître absolu, d'éternelle mémoire,
N'eût jamais rien créé, quelle serait sa gloire ?...
Verrait-on ces oiseaux qui chantent dans les airs,
Et les grandeurs sans fin qui forment l'univers ?...
Et verrait-il sans cesse au devant de sa face
Cet ordre harmonieux qui règne dans l'espace ?
Et qui pourrait prôner les merveilleux attraits
D'un monde si parfait, œuvre de ses bienfaits ?...
Lui, dans ce bel ouvrage, a mis et maintient l'ordre :
Et ces fiers turbulens voudraient-ils le désordre ?
Soyez purs, sains et bons, comme le roi des cieux,
Affables, vigilans, et vous serez heureux !...
Justes, saints, c'est la loi !... si vous vivez en frères,
Vous trouverez en Dieu le plus tendre des pères !...
Mais ces dogmes sont-ils les lois de ces docteurs ?...
Ils croiraient s'avilir en prêchant ces grandeurs !...
Ils ont chacun leurs dieux, leurs livres, leurs prophètes,
Leurs mystères sacrés, leurs miracles, leurs fêtes :

Les dévots Musulmans fêtent le vendredi,
Les vrais Juifs ne font rien de tout le samedi,
Et les pieux chrétiens, avides de revanche,
Pour leur jour de repos observent le dimanche,
Tandis que les Chinois, bien plus intelligens,
Au grand maître des cieux n'offrent leur doux encens
Que tous les quinze jours. Peu de fêtes brillantes
Aux yeux de ce grand roi ne sont que plus charmantes
Quand tout est juste et saint! Ces doux jours de repos
Ne portent nul obstacle à leurs heureux travaux :
Leurs bras sont plus actifs. Les Indiens, moins sages,
De leurs docteurs divins révérant les usages,
Comme si leurs décrets étaient saints et réels,
Sont presque à tout moment au pied de leurs autels.
Peuples, ignorez-vous que les dieux de paresse,
L'ambition des grands, firent tomber la Grèce ?
Mais vouloir des mortels réformer les esprits,
C'est commander aux mers de sortir de leurs lits!...
Les prophètes, les dieux, au sein d'un peuple frêle,
Tombaient, dit-on, jadis, comme des flots de grêle,
Et puisqu'ils sont reçus on doit les révérer!...
Leur refuser l'encens c'est vouloir les outrer!
Tant de fêtes de dieux, de prophètes, de fables,
Ont cependant rendu les peuples misérables :
Fête à Brama le père, à son cher fils Chiven [1],
A toute la sequelle, on ne fait jamais rien,
Et le juge parfait, pour punir leurs chimères,
Répand sur leurs moissons des saisons téméraires.

[1] Les trois principaux dieux des Indiens sont Brama, qu'on écrit indifféremment Bracma ou Brachma, considéré comme le créateur et l'auteur de toute production; Chiven, comme Dieu de la destruction; et Vichinou, comme Dieu conservateur.

Par un temps calme et beau si les dieux inventés
Sont, par des imposteurs, et chantés et fêtés,
Il faudra, dit ce Dieu, qu'à mon tour je me fête
En répandant à flots la grêle et la tempête.
Croit-on que ce grand maître, unique roi des cieux,
Se plaise qu'on s'adresse à des dieux fabuleux?
Peut-il voir sans frémir la foule extravagante,
Toujours encline au mal, qui célèbre et qui chante
Les dogmes d'orgueilleux, réputés grands et saints,
Qui sur terre ont été d'infâmes assassins [1].
Mais les peuples soumis à ceux qui les gouvernent
Aux pieds de leurs faux dieux chaque jour se prosternent.
J'abhorre, dit le ciel, tant d'usages pervers;
Mon culte c'est la paix : mon temple est l'univers.
Sous ce nom si fameux, quels torts épouvantables!
Que de gouffres d'erreurs, de crimes effroyables!...
Tous ces tas d'intrigans, bigots, fourbes, mondains,
Qui dévorent le sage, irritent les destins;
Mais comme les docteurs vivent de simonie [2],
Ils voudraient tous les jours quelque cérémonie ;
Et de là vient qu'on voit dans ce vaste univers
Tant de rites, de dieux et de cultes divers.
Enfin la comédie est tellement complète
Qu'il n'est presque aucun jour qui ne soit grande fête.

---

[1] Il nous sera sans doute permis de mettre de ce nombre, Chiven, puisqu'il est considéré comme un Dieu destructeur, et Mahomet, comme sanguinaire et faux prophète; mais nous nous garderons bien de parler ni de Moïse, ni de David, meurtrier d'Urie, ni de Constantin, ni de Grégoire VII, ni de saint Bernard : grace autant que possible aux belles mœurs et aux grandes connaissances de l'Europe!

[2] On entend par Simonie le trafic ou la vente des choses saintes, ou qui passent pour telles.

Et tout changeant en eux on voit certaines fois
Que dans tout l'univers il est fête à la fois;
Et leur dévotion, par des excès contraires,
Se change bien souvent en formidables guerres.
Il ne faut, en un mot, qu'un insensé fougueux
Pour perdre ou déranger ce peuple industrieux,
Crédule, nerveux, prompt, souple, léger, immense,
Dont l'assidu travail procure l'abondance :
Un Dieu juste et parfait anime tous les cœurs,
Mais plusieurs sous son nom sont de vrais oppresseurs.
Jetons, dit-elle, enfin nos regards sur la terre,
Si tu veux voir les gens que ce grand Dieu révère !
  Un peuple indéfini couvrait le monde entier ;
Doux, souple, vigilant, sans être trop altier ;
Dont l'occupation était l'architecture,
Les métiers et les arts, et des champs la culture :
Sur les monts, les côteaux, les plaines, les vallons,
En travaillant sans cesse il chantait des chansons !
En souriant, sifflant, aux villes, aux villages,
Il faisait, façonnait de superbes ouvrages !...
L'Esprit s'écrie, ô ciel ! que ce peuple est heureux
Quand il s'entr'aide, s'aime et qu'il est bien soigneux !
Il jouit quand les chefs prêchent la vigilance,
L'union et la paix, et surtout la clémence,
Qui, par de sages lois et la sainte équité,
Maintiennent les liens de la société !
La Discorde lui dit, d'une voix forte et ronde,
Qui vibrant dans les airs fait retentir le monde :
Ce peuple que tu vois, qui cultive les arts
Et les fruits de la terre, arrête mes regards!
C'est le peuple de Dieu !... C'est parmi cette élite
Qu'on trouve le bonheur, la joie et le mérite,
Quand elle fait briller les arts consolateurs,
Qui de l'ennui cruel dissipent les vapeurs :

Ce peuple fait venir les vignes verdoyantes,
Change les sols ingrats en des terres charmantes,
Où croissent des fruitiers et de belles moissons;
Il orne les jardins, élève des maisons,
Des villes, des palais, dont la magnificence
Imite les travaux de la toute-puissance!
Le grand maître des cieux, n'aimant qu'activité,
Que sagesse, industrie et que fraternité,
Admirant les beaux fruits que font venir ces sages,
S'ils sont justes en tout, il bénit leurs ouvrages,
Et pour récompenser leur peine et leurs bienfaits,
Il fait naître des jours dont les divins attraits,
Dispensateurs des biens, ranimant la verdure,
Font tout croître à foison, sans travail ni culture!
 Tout dérive, tout vient de ces hommes nerveux
Qui révérant le nom du grand maître des cieux,
Et fuyant la débauche et l'insigne paresse,
Se font un noble orgueil de travailler sans cesse.
L'honorable travail et la simplicité
Font naître l'abondance et la sainte équité.
Le sage qui s'occupe à quelque ouvrage utile
A l'esprit satisfait et l'ame bien tranquille;
Mais chez les scélérats, les bigots, la grandeur,
Il n'est que jalousie, orgueil, chagrin, langueur:
Là la fierté préside et le fiel s'évapore,
La tiédeur les enchaîne et l'ennui les dévore,
Et les cruels remords, enfans de leurs forfaits,
Empêchent qu'en leurs cœurs ils n'aient jamais la paix!
Esclaves de leur or, ces êtres inutiles
Ne cultivent jamais leurs terres infertiles,
Et souffrent que l'oisif, qui se trouve sans bien,
Vive aussi sans travail, le plus souvent sans pain!
Si du maître absolu la puissance infinie
Maintient de l'univers et l'ordre et l'harmonie,

N'est-ce pas pour montrer un Dieu majestueux,
Dispensateur des biens? Et ces présomptueux
Laissent pour ce vil or la nature souffrante
Confiée à leurs soins, qui sans cesse fermente?
Voyez ces végétaux, aux beaux jours du printemps,
Qui couvrent les jardins et les bois et les champs,
Comme ils font leurs efforts pour orner la nature!
Le ciel leur donne l'être!.. A l'homme est la culture!
L'homme est leur oi, leur chef, il doit les embellir!
Croit-on sans aucun soin de pouvoir en jouir,
Et se rendre agréable aux yeux de ce grand être
En savourant les mets que d'autres ont fait naître!
Si le monde n'avait que Pèlerins, Imans [1],
Bonzes [2], Rhahans, Pounghis [3], pagodes et couvens,
Que deviendraient bientôt les arts, les fruits, les plantes,
Les maisons, les cités riches et florissantes?...

 De plusieurs vils mortels l'esprit est si tortu
Qu'il prend certains défauts pour l'exacte vertu.
De là venaient jadis ces usages frivoles
Que je vais rapporter en bien peu de paroles:
Ceux qui ne faisaient rien, sans vertu ni talens,
Sans aucune énergie, étaient titrés de grands.
Quel vain titre pour eux! Une telle épithète
A ces quasi-fêlés ferait perdre la tête.

 Elle s'écrie encore: O grand contemplateur
Qui recherches les lois qu'ordonne le Seigneur,
Ces lois sont l'équité, la vertu, l'industrie,
Mais la plupart n'en font qu'une pure folie:
Veux-tu bien décider des mœurs des nations:
Des yeux de ton esprit suis leurs opinions,

---

[1] Prêtres musulmans. — [2] Prêtres Japonais. — [3] Prêtres ou religieux birmans.

Leurs rites, leur orgueil, leurs bassesses, leurs crimes,
Et les maux infinis qu'enfantent leurs maximes.
Pour toi jusqu'à présent le monde est inconnu,
Répète cette voix, tu n'as encor rien vu :
De plusieurs orgueilleux tu verras le scandale
Adoré sous le nom de dieux et de morale :
La puissance éternelle, ame de l'univers,
Est par eux transformée en usages pervers !
Elle qui d'un regard enflamme le tonnerre !...
Elle qui d'un clin-d'œil renverserait la terre !...
Elle qui d'un seul souffle éteindrait tous ces feux
Que son bras a semés dans l'empire des cieux !
Chacun crie : Obéis à la foi qui t'éclaire !
Les peuples qui croient tout fêteraient une pierre,
Eux, qui font tout venir, qu'on devrait diriger,
Leur donner de l'ouvrage et non les déranger.
Mais, hélas! tout est vain : sur ce maudit théâtre
L'un ne fait que bigots et l'autre les fait battre.
Presque un rien, lui dit-elle, enflamme leurs cerveaux.
Au seul signal donné tous quittent leurs travaux.
Tu le verras bientôt ; je pars et suis certaine
De mettre tout en branle avant que je revienne.

 Bientôt l'Esprit, vers nous promenant ses regards,
Voit dans tout l'univers dresser des étendards
Dans les villes, les bourgs, et de tant de manières,
Que plusieurs sont carrés, d'autres triangulaires,
Verts, rouges, violets, argentés, jaunes, blancs,
Larges, étroits, ornés de cordons et de glands.
Dans les tours suspendu l'airain des cloches sonne;
La musique se dresse et des psaumes entonne,
Et faisant retentir des chants mélodieux,
Attire un peuple immense en des milliers de lieux.
Ah ! ah ! quel changement ! quelle étrange nouvelle !
Est-ce donc aujourd'hui la fête universelle ?

Tous quittent leurs travaux : hommes, femmes, enfans,
Courant vers leurs maisons abandonnent les champs,
Pour se parer d'habits, de belles robes blanches,
A corsets resserrés, à courtes larges manches,
De chapeaux blancs, pointus, larges, à mannequin,
De beaux souliers garnis en peau de marroquin,
Allant sous la bannière arborée à leur face,
Où tous dans un instant sont rassemblés en masse.
Sur tous les continéns tous les peuples couraient;
Par un temps calme et clair, ces groupes s'étendaient
Des îles du Japon au golfe de Mexique,
Et des glaciers du Nord jusqu'au bout de l'Afrique.
Les uns vont se ranger en divers pelotons,
D'autres frappant des mains font faire de grands ronds,
Criant à haute voix à ce concours de monde :
Reculons!... reculez!... à la ronde!... à la ronde!...
 Au milieu d'eux il voit des hommes bigarrés,
Traînant de longs habits, d'or, d'argent chamarrés,
Ensemencés de fleurs, de festons, de guirlandes,
De grands rubans fleuris, parsemés de légendes,
Que la foule environne et bloque en toute part,
Qu'on croirait qu'elle veut leur servir de rempart :
Ces hautains somptueux plus ils sont ridicules,
Mieux ils sont respectés des consciences crédules.

 Quand ils furent rangés, qu'ils furent bien en train,
La Discorde s'envole et vers l'Esprit revient,
Qui du ciel comtemplait les authentiques marques
De leurs drapeaux flottans et surtout les monarques
Qui commandaient en chef : s'ils étendaient les bras,
Tous les groupes tremblaient devant ces potentats!
Que sont ces grands, dit-il, sur le sol de la terre ;
Pour qu'un peuple en entier les craigne et les révère?
Ah! dit-elle, ce sont des princes et des rois!......
Ou d'autres non moins grands qui protégent les lois :

Tels que les magistrats de la haute justice
Qu'on pourrait appeler les agens du caprice,
Comme ministres, pairs, procureurs-généraux,
Ces hommes à turbans, chefs des orientaux ;
Et les autres sont ceux qui prêchent la loi sainte
Pour tenir les mortels dans la foi, dans la crainte,
Tels que les Rabbins juifs [1], les prêtres anglicans [2],
Le Lama du Thibet [3], les muftis musulmans [4],
Ou d'autres chefs, enfin, tels que des calvinistes [5],
Des chrétiens [6], des Parsis [7], ou des anabaptistes [8],

[1] On appelle Rabbins les docteurs ou prêtres de la loi judaïque.

[2] Par ces prêtres, nous entendons les ministres de l'église dominante de l'Angleterre, qui, quoique séparés de Rome, ont néanmoins conservé une grande partie des ornemens de cette église.

[3] Le Laï-Lama, ou grand Lama du Thibet, est le souverain pontife ou pape des Thibétains, des Calmouks, des Mongons et de la plupart des Indiens. Il réside à Lassa, ville d'Asie, située sur le fleuve Brama-poutra. Il a autant de puissance sur ces peuples que le pontife de Rome en a sur toute la Chrétienté, ce qui lui procure des revenus immenses.

[4] On appelle muftis musulmans, les prêtres ou évêques des Mahométans. Ils vivent dans l'orgueil et l'opulence, et le peuple les regarde comme saints ou sacrés. Ils sont les seuls interprètes du Coran.

[5] Les partisans de l'hérésie de Calvin et de Luther sont ceux qu'on appelle Calvinistes, connus particulièrement sous le nom de Protestans.

[6] On appelle Chrétiens les adorateurs du Christ, considéré comme un Dieu né et mort sur une croix pour sauver le genre humain.

[7] On entend par Parsis, Guèbres, Mages ou Gaures les partisans de Zoroastre qu'ils considèrent comme un prophète descendu du ciel, qui prêchait que l'univers était Dieu et que Dieu n'est autre chose que l'univers, ce qui les a entraînés à adorer le soleil, la lune, les astres, le feu, etc., etc.

[8] Les Anabaptistes sont des hérétiques sortis de l'Eglise de Rome qui rebaptisent les enfans à l'âge de raison.

Qui se sont élevés les premiers des humains,
Et se vantent choisis pour guider les destins.
S'ils élèvent leurs voix, tout l'auditoire écoute :
Leurs mots forts et pompeux font retentir la voûte.
A leurs gestes flatteurs, leur ton mélodieux,
Leurs habits et leur pompe on les dirait des dieux.
Le peuple prosterné se plaît à les entendre :
A ne pas les connaître on pourrait s'y méprendre,
Car leur ton est si grand qu'on le croirait divin ;
Ils jugent les mortels la balance à la main !...
Leur voix se développe avec tant d'éloquence,
Qu'elle joint aux honneurs la pieuse indolence,
Qui sans se tracasser dort, veille mollement,
Et passe ses beaux jours très agréablement :
La fraîcheur du vermeil brille sur leur visage ;
Leur menton sur leur sein descend à double étage [1].
Et si leur corps gémit dans sa molle épaisseur,
Ne pouvant soutenir le poids de sa rondeur,
Qu'au moindre de leurs pas leur colosse chancelle,
Et que leur molle chair se plie et s'amoncelle,
C'est que tout vole et vient au seul son de leur voix,
Ou d'un bon cuisinier c'est pour avoir fait choix.
Tout charme et rit chez eux ; tout est en abondance ;
Quelque autre fait sans doute une double abstinence.
Mais le ciel, pour punir leurs coupables douceurs,
Leur dispense à son gré de cuisantes douleurs ;
Car ce juge parfait est un Dieu de justice :
A la seule sagesse il se montre propice.
Lorsque tu contemplais du peuple les travaux,
Ces pieux fainéans étaient dans leurs châteaux [2].
Les évêques chrétiens y confessaient leurs nonnes,

---

[1] Boileau, lutrin, chant premier. v. 33.
[2] Observons que c'est toujours la Discorde qui parle à l'Esprit.

Les muftis s'y battaient avec des amazones,
Et l'orgueilleux Lama, le Vedam à la main,
Regardé comme un Dieu parfait et souverain [1],
Ne prêchant que mollesse ou des extravagances,
Prélevant des impôts sur ses peuples immenses,
Dirigeait à son gré ces dévôts fainéans,
Rassemblés en monceaux dans d'insignes couvens [2].
Ils adorent des dieux qui n'ont jamais eu l'être,
Puis dévorent les biens que leurs frères font naître.
Dans toute secte enfin, les plus fervens pieux
N'aiment que les bons mets, et les dieux paresseux.
Sous le masque trompeur d'austère pénitence,
De céleste ferveur, ils cherchent l'abondance.
Chez eux, vices! grandeurs! hélas! tout est permis!...
Grands biens, sofas, plaisirs, mènent en paradis!...
Fatigués de repos s'ils montent sur leurs chaires,
C'est pour se délasser ou pour blâmer leurs frères.

Fuyez, peuples sensés, ces docteurs somptueux,
Qui condamnant l'orgueil sont les plus orgueilleux,
Et qui sur cette terre ont semé plus de sectes,
Qu'en automne on n'entend de bourdonnans insectes.
La croyance Islamisme en contient plus de cent,

---

[1] Les Tartares surtout se rendent en foule aux pieds de Dalaï-Lama, mots qui signifient, en leur langue, prêtre universel. Ce pontife orgueilleux et mondain est considéré par le peuple comme une divinité.

[2] La pagode, ou couvent de Jagrenat, contient trois mille prêtres bramines qui sont continuellement occupés à prêcher les absurdités de leur croyance, ce qui attire une infinité de pélerins, de plus de deux cents lieues à la ronde, où ils vont pratiquer une multitude infinie de superstitions. Dans certaines années le nombre de ces pélerins s'élève au-delà de douze cent mille, de tout âge, de tout sexe et de toute condition : ce qui prouve que les grands de ces contrées ne sont pas plus éclairés que ceux des autres nations.

Et celle des Chrétiens en a le moins autant [1],
Dont insulter sans cesse est la plus grande gloire ;
Tromper quelque étourdi c'est remporter victoire.
Ces chefs ambitieux, pour montrer leurs exploits,
Font briller cejourd'hui leurs drapeaux à la fois.
Leur gloire, leurs talens, leurs vertus, leurs mérites,
C'est de savoir se faire un tas de prosélytes,
Qui puissent maintenir leur faste somptueux,
Et contenter en tout leurs cœurs ambitieux.
Ce n'est pas le vrai Dieu que ces docteurs implorent :
L'or est le seul Seigneur, le seul Dieu qu'ils adorent.
Qui croira qu'il faut être orgueilleux et cruel,
Pour paraître parfait aux yeux de l'Eternel ?...
Ou que les grands honneurs, la ruse et l'artifice,
De ce maître absolu composent la justice ?...
Voit-il avec plaisir débattre ces docteurs,
Accapareurs de l'or et puissans séducteurs,
Qui par leurs vains discours, leurs feintes, leurs querelles,
Inspirent aux fougueux des guerres éternelles ?...
Tous ces fiers grimaciers, intrigans et bigots,
Criblent l'homme de bien de ruses ou d'impôts :
S'emparant des produits ils ôtent le courage
A celui qui serait laborieux et sage ;
Et quand tout n'est qu'intrigue ils finissent enfin,
Que tant grands que petits périssent par la faim ;

---

[1] Volney, après avoir voyagé parmi les peuples orientaux, prétendait que l'Islamisme ou Mahométisme était divisé en bien plus de soixante-dix sectes. Quant au Christianisme, il en a bien davantage, et le nombre des personnes qu'ont fait égorger les querelles de ces deux religions, qui passent pour les plus saintes du globe, est innombrable. C'est là sans doute le sceau immuable de leur sainteté. Voyez, pour ce qui regarde les sectes chrétiennes, le dictionnaire des hérésies de l'abbé Pluquet, 2 vol. in-8º, petit caractère.

Mais à leur faux système opposer la prudence,
C'est aux mondains de cour prêcher la pénitence.
  Cependant, dit l'Esprit, il faut des magistrats,
Pour maintenir les droits et l'ordre des états!...
Si chacun agissait d'après son vain caprice,
Que serait-on, hélas! sans lois et sans justice!...
Les peuples ne sont rien sans des hommes puissans!
Sois un peu plus discrète en parlant de ces grands!...
Le monde universel te hait et te redoute,
Et tu prétends encor, cruelle, qu'on t'écoute!...
J'en suis sûre, dit-elle, et la folie en main,
Elle entonne ces mots d'orgueil et de dédain :
« Je fais battre à mon gré le fils contre le père,
» La sœur contre la sœur, le frère avec le frère!...
» Pour si peu qu'à leur voix je mêle mes caquets,
» Les maîtres sont bientôt battus par les valets!...
» Le monde, enfin, dit-elle, est une fourmillière
» Qui m'offre ses encens!... me hait et me révère!...
» Les hommes sont si faux, soit dit avec douceur,
» Qu'ils préfèrent mes lois à celles du Seigneur!
» Je suis fausse, on le sait, et funeste et mondaine,
» Je perds le genre humain, et partout je suis reine!...
» Je ne crains, en un mot, que la divinité,
» La vertu, l'industrie et la sainte équité!
» La vérité frémit sous le voile des fables!
» Tout le reste est soumis à mes lois formidables!
» Et pour te le prouver je vole chez les grands,
» Pour les faire égorger par leurs dissentimens ».
  La cruelle, aussitôt, s'envole et s'effarouche,
Exhalant à grands flots les poisons de sa bouche,
Qui, pareils à des feux produits par les éclairs,
Inondent de leurs traits tout l'empire des airs.
  Quel est l'étonnement de l'Esprit qui contemple!
Jamais en sa présence il ne vit tel exemple!

Que fera, disait-il, ce monstre impétueux !...
Pense-t-il ébranler l'immensité des cieux !...
En prononçant ces mots il regarde la terre :
Grand Dieu, s'attendait-il à voir sitôt la guerre ?
Contemplant des mortels les douceurs, les plaisirs,
Les travaux, les produits, le bonheur, les soupirs,
Abhorrant leurs défauts, révérant leur franchise,
Promenant ses regards, oh! quelle est sa surprise!
Il voit de tous côtés de fabuleux payens,
Des fougueux Musulmans, des orgueilleux Chrétiens,
Des Juifs perturbateurs, des insensés Bramines,
Armés de pied en cap, courant plaines, collines,
Qui perçant bois, déserts, d'un front audacieux,
Volent par escadrons en des milliers de lieux ;
Là, leurs yeux enflammés, tout fulminans de rage,
Croyant l'ambitieux qui prêche le carnage,
Se disputant sans cesse avec acharnement,
Sans pouvoir s'accorder, se battent follement.
Tous ces chétifs mortels, insensés, indomptables,
Au milieu des erreurs se croient irréprochables :
Chacun vante ses lois, ses croyances, ses mœurs,
Et différant en tout, se disent grands docteurs.
Leurs dogmes sont écrits dans de si grands ouvrages,
Qu'une main peut à peine en remuer les pages [1].

---

[1] Les différens ouvrages que les peuples de la terre considèrent comme saints ou sacrés, sont : le Védam des Indiens. Ce livre, d'après eux, est écrit par la divinité même. Il est divisé en trois parties : le Rick, le Yadjour, et le Sama. Il traite des lois et des croyances de ces peuples. On dit que la date de cet ouvrage dépasse 2500 ans avant notre ère, et l'on croit qu'il fut envoyé à Vichinou dans une coquille.

Le second de ces ouvrages, prétendus sacrés, est le Boundesh ou le Modimol, livres qui contiennent les croyances des Perses

Tous, poussant de grands cris dévots et furieux,
Semblent à leur querelle associer les cieux.
Ces dévots ne sont plus que cohortes guerrières
Qui brûlent de fureur sous d'infâmes bannières,
Et leur corruption, et leurs torts et leur fiel,
S'élèvent dans l'espace et montent jusqu'au ciel.
Par leurs gémissemens ou leurs folles huées,
Ils ébranlent les airs et fendent les nuées !
Sur le trône de Dieu cette voix retentit :
L'enfer en est frappé, l'univers en frémit,
Et le grand roi des cieux les contemple et soupire !
La sagesse en fuyant rougit de leur délire !

ou Parsis, des Mages et des Gaures. Plusieurs historiens attribuent ces ouvrages à des auteurs qui portaient ces noms, et d'autres prétendent qu'ils furent écrits par Zoroastre premier

Le livre sacré des Juifs s'appelle Talmud. Il se compose de deux parties : Misna, qui est le texte, et le Gemare, qui en est le commentaire. Les Juifs reconnaissent deux Talmuds, celui de Jérusalem et celui de Babylone. Il est impossible de concilier ces deux ouvrages, quoiqu'on prétende que l'un et l'autre contiennent exactement le texte sacré, qu'on veut que la Divinité ait dicté au prophète, conquérant de la Judée.

La Bible, sortie du Talmud des Juifs, et le nouveau Testament sont les seuls ouvrages que les Chrétiens regardent comme saints ou inspirés. Ces deux ouvrages ont enfanté les principales croyances qui ont ravagé l'Europe pendant plus de quinze siècles. Que ces livres soient inspirés ou non, ils ont du moins dû inspirer bien des désordres, que l'Europe, non contente d'être toujours en contradiction avec elle-même, a tenté de porter jusqu'au delà des mers.

Enfin, le dernier des ouvrages si vénérés des peuples de la terre est le Coran, ouvrage qui n'est ni moins absurde ni moins comique que les premiers, et que les Musulmans croient être la parole de Dieu même, que le ciel avait résolu de toute éternité de ne confier qu'à Mahomet, seul prophète digne de la recevoir.

Mais le fer et les feux brillant de tous côtés,
Rien ne peut retenir ces monstres irrités.
Dans cet instant fatal la haine, la malice,
Et des dogmes diffus font leur seule justice :
Nul ne ressent déjà l'intégrité du cœur,
Unique loi du ciel, du sage, du Seigneur!
Leurs cerveaux bouillonnant de leurs folles doctrines,
Tant Musulmans que Juifs et Chrétiens que Brachmines
Parsis et Luthériens disent à haute voix :
En sabrant tout vengeons et nos dieux et nos lois.
La foudre dans les mains l'un sur l'autre ils s'élancent;
Tantôt sont repoussés et tantôt ils avancent :
De toute part on voit qu'ils sont amoncelés,
Poussant des cris d'horreur de rage entremêlés :
Courant sur tous les points, partout ils se désolent :
Les lances dans leurs mains se brisent et s'envolent,
Et bouillonnant, frappant, en invoquant leurs dieux,
Sans pitié, sans remords ils s'égorgent entr'eux!
Le sang à gros bouillons qui coule de leurs veines
A peine peut calmer la fureur de leurs haines.
Ces mortels enragés couvrent de vastes champs,
Bientôt on ne voit plus que morts et que mourans,
Perclus! entrelacés! O maudite conquête!
Les uns n'ont plus de bras, les autres plus de tête!
Le peu qui tout criblés s'échappent de ces lieux
Sont inondés de sang, de poussière et de feux!
Là le frère sans force abandonne son frère,
Et laisse ses amis écrasés sur la terre!...
Les grands, chamarrés d'or, princes, rois, généraux,
Evêques et muftis, auteurs de tant de maux,
Sont percés de leurs dards, et jonchés sur l'arène,
Où leurs corps mutilés respirent avec peine!
La mort vole sur eux!... Leur pompe et leur orgueil
Vont être renfermés dans un sombre cercueil!

Privés de la lumière, ils n'auront d'autre gloire
Qu'un vain titre de grands confondus dans l'histoire.
Oh! ciel, hélas! c'est toi qui guides les mortels
Et les fais égorger t'élevant des autels!
Tous révèrent ton nom, invoquent ta clémence!
O Dieu de l'univers, c'est là ta récompense!
Non, non, c'est l'intérêt qui les fait battre entr'eux,
Les divise et les perd au nom de plusieurs dieux :
Bien souvent une phrase, un seul mot les inquiète
Et peut à des milliers faire tourner la tête!
Croit-on qu'un Dieu clément, créateur des humains,
Se plaise à déchirer l'ouvrage de ses mains?
Oh! non!... Ce sont les grands de fougueuse arrogance
Qui pour de vains honneurs font battre l'innocence!
Leur folle ambition, d'un Dieu de vérité,
En fait un dieu d'horreur et de perversité.
Ce Dieu les aime tous, les chérit, les tolère,
Sur eux répand ses dons, tous les jours les éclaire.
Ces maux sont le produit des replis, des détours,
Que les docteurs sacrés mêlent dans leurs discours.
Voilà le fruit, hélas! de leur folle éloquence!
Le Dieu de paix ne sait où tourner sa clémence;
Tous sont ses chers enfans, tous coulent de son sein,
Mais ils n'écoutent plus ce maître souverain!
Ils sont tous sous les lois du Dieu de la discorde;
C'est un Dieu sanguinaire et sans miséricorde.
Pour les faire égorger au nom du Créateur,
Il confond la justice et parsème l'erreur!
C'est un monstre odieux, tout bouches, tout oreilles,
Qui, parlant comme un ange, annonce des merveilles.
Sa voix enchanteresse et ses accens flatteurs
Sont si mélodieux qu'ils enchantent les cœurs.
Il prêche aux nations avec tant d'éloquence,
Que, pliant sous son joug, chacune a sa croyance.

Veut-il faire arborer l'étendard de ses feux,
Il vante les hauts faits de ses dieux fabuleux ;
Et des faibles mortels voyant la zizanie,
Ose crier : Je suis la sagesse infinie ;
Et quand il veut les perdre il leur parle des lois,
Des mystères divins, des rites à la fois :
Présentant les vertus sous le masque des vices,
Pour que tous les mortels en viennent aux caprices.
Veut-il donner l'essor à son maudit projet,
Il arme ses faux dieux des dards de l'intérêt !
Et mêlant un faux zèle avec la controverse,
Tantôt il édifie et tantôt il renverse.
Car ce perturbateur, qui ne saurait céder,
Enseigne à tout souffrir comme à tout hazarder.
« Ce monstre impétueux, sanguinaire, inflexible,
» De ses propres sujets est l'ennemi terrible.
» Aux malheurs des mortels il borne ses desseins ;
» Le sang de son parti rougit souvent ses mains ;
» Il habite en tyran dans les cœurs qu'il déchire ;
» Et lui-même, il punit les forfaits qu'il inspire ». [1]
Lui seul dicte les lois de la confusion
Et trouble tout le monde en prêchant l'union.
Peuples, fuyez les dards que sa fureur étale...
La présomption est son altière rivale
Tous deux font leurs efforts pour perdre les mortels
Qui ne sont point liés par des nœuds fraternels :
Les plus grandes vertus s'égorgeraient entr'elles,
Quand les religions animent leurs querelles.
De ces calamités le Dieu des cieux gémit,
La fureur s'en repaît, la discorde en sourrit !
L'Esprit du haut des cieux, en contemplant la terre
Prononçait ce discours contre la fourmilière,

---

[1] Henriade, chant 1, verset 31.

Moindre dans son orgueil que la simple fourmi :
Il parlait sagement en s'exprimant ainsi.
Sans compter que les mers, les montagnes, les hommes,
Ne sont aux yeux de Dieu que de simples atomes.
Qu'ils sont grands aux regards de la divinité,
Quand ils suivent les lois de la seule équité !
Mais que d'esprit faut-il pour dépeindre leurs vices,
Et démêler les tours qu'ils font dans leurs caprices !
Soyons souples, polis, indulgens envers eux,
Qui les sait manier est très ingénieux.
Car la plupart du temps la vérité sacrée,
Chez ces faibles mortels, est d'erreur entourée.
A quelque heureuse fin que tendent nos souhaits,
Jamais on ne fait bien au gré de ses sujets :
On passe pour cruel en rendant la justice ;
En tolérant, pour faux ou partisan du vice ;
Qui se trouve indigent, quoique honnête accompli,
Qui pour une famille a tout enseveli,
Ou pour des malheureux, d'une indigence extrême,
Aura donné son bien en s'en privant soi-même,
Au lieu d'être assisté sera dit paresseux ;
On l'insulte, on l'outrage, on le traite de gueux.
Qui devient opulent par sa grande prudence,
Unissant la sagesse avec l'intelligence,
C'est qu'il a su puiser dans quelque coffre-fort,
Ou qu'il sait ramasser quand tout le monde dort.
Qui se trouve indévot, n'a ni loi, ni mérite ;
S'il pratique sa foi, ce n'est qu'un hypocrite.
Qui soutient sa grandeur est titré d'orgueilleux ;
S'il est sage et prudent, c'est un difficulteux ;
S'il pardonne, il est mou ; s'il se venge, barbare ;
S'il donne, il est prodigue ; et s'il épargne, avare.
Quiconque aime la paix, c'est qu'il n'est pas guerrier ;
S'il se plaît aux combats, ce n'est qu'un tracassier.

Voilà comment l'esprit se plait à la critique.
Souvent la vérité lui paraît satyrique!
De là vient que le monde a tant de fictions,
Que partout on n'entend que vols d'opinions,
Qui, toujours folâtrant, sans vertu ni sagesse,
Errant sur tous les points, se diffament sans cesse!
Mais d'où nous vient, dis-moi, leur turbulent caquet,
Insipide, inconstant, pointilleux, faux, inquiet,
Qu'on voit chez le manant, qu'on voit chez la noblesse,
Qu'on voit chez la grandeur comme chez la bassesse,
Qui, remuant si bien tous ces grands jeux de mots,
Ne laisse les mortels jamais dans le repos?
C'est qu'un vil intérêt, monarque de la terre,
Aux plus fiers turbulens a déclaré la guerre.
Ennemi du repos, querelleur, faux, inquiet,
Ce vice universel produit tout ce caquet :
C'est le père commun de leurs catégories;
Tous voudraient s'enrichir de leurs piailleries :
Tant de bouffons gonflés, de saints hableurs divers,
Font comme un ouragan qui gronde dans les airs,
Dont les feux sillonnans, de tempête et d'orage,
Lancent de tous côtés la foudre et le ravage...
Leur caquet est semblable à ces bourdonnemens
Qu'on entend en été dans les bois, dans les champs,
Que font ces gros frêlons qui fendent nos oreilles
Quand ils ont dévoré le doux miel des abeilles!...
Voilà de tous nos maux le fatal fondement!

Tous les mortels devraient agir honnêtement.
Pour maintenir leurs biens et ceux de la patrie,
Il leur faut l'union, source de l'industrie.
Pour conserver la paix c'est là le vrai moyen :
Qui n'a nulle industrie est mauvais citoyen.
Croit-on que sans rien faire on trouve l'abondance,
Qu'un peuple soit heureux au sein de l'indolence?

Tous devraient se chérir d'un amour cordial,
Tous devraient travailler pour le bien général,
C'est là qu'ils trouveraient la joie et la concorde,
La douceur et la paix au lieu de la discorde,
Et le bonheur parfait de tout le genre humain!
Mais, hélas! aux trois quarts la raison crie en vain !
Les uns par leur orgueil ou leur prépondérance,
D'autres d'ambition, quelquefois d'ignorance,
Se disputent sans cesse au milieu des erreurs ;
On voit ce vice affreux même chez les docteurs!

L'homme se plaît toujours à juger son semblable,
Malgré que quelquefois il soit le plus blâmable;
Mais que pourrait-on dire à celui qui dirait,
Ou qui sans s'expliquer du moins le penserait:
Quand on n'est point docteur ni trop grand philosophe,
On ne vas pas errer dans un sens limitrophe :
Sans s'inquiéter de tout, s'ils ont droit, s'ils ont tort,
Laissons tous ces docteurs qui ne sont pas d'accord :
Laissons-les battre entr'eux ; s'ils aiment la dispute,
Qu'ils se débattent bien, qu'ils soient toujours en lutte,
Quand ce serait pairs, ducs, rois, papes, empereurs,
Ministres, prêtres, clercs, laissons ces querelleurs.
Pour si savans qu'ils soient ils sont ce que nous sommes,
Ils peuvent se tromper comme les autres hommes.
Sans crainte, de sang-froid, quels que soient ces seigneurs,
Leur fortune, leurs biens, leur gloire, leurs grandeurs
Haïssons leurs défauts, imitons leurs sagesse :
Devant l'être suprême il n'est point de noblesse.
Chérissons leurs vertus, abhorrons leur fierté,
Reprenons leur orgueil et leur cupidité.
Peuples, unissez-vous... Quel que soit votre culte,
Laissez, laissez ces fous; qu'entr'eux soit le tumulte!
La plus belle croyance exempte des abus,
C'est d'être homme de bien; chérissez les vertus,

Et d'ailleurs, quel travail ! Ah ! que de patience,
Pour pouvoir acquérir leur haute connaissance !
Quel esprit ! quel talent ! pour toujours clabauder
Avec ces grands docteurs, sans jamais s'accorder !
On dirait, en un mot, qu'un tel charlatanisme
Est le père fougueux du despote égoïsme !
Les vrais sages se font une croyance à part,
Et la raison leur sert de guide et de rempart :
Fuyant de ces mortels rites, débats, folie,
Leur culte est l'équité ; leurs dogmes, l'industrie.

DE LA RAISON [1]

CONSIDÉRÉE

COMME LOI IMMUABLE ET UNIVERSELLE.

La raison, c'est la voix qui parle dans moi-même,
Qui sent, pèse, examine, avec un soin extrême.
Elle naît avec nous : elle est dans notre cœur,
Pour être notre juge et notre conducteur,
Ou pour nous enseigner, tant qu'on est sur la terre,
Ce que nous devons fuir, ce que nous devons faire.
Cet arbitre divin en tout temps, en tout lieu,
Nous dicte nos devoirs au nom d'un même Dieu.
Le ciel fit cette voix pour régir la conscience,
Et guider notre esprit avec intelligence.
On ne peut l'ignorer, chacun la porte en soi,
Et c'est de l'univers la plus ancienne loi.
Sur tout ce qu'on répand, qu'on sème ou qu'on publie,
Consulte cette loi, c'est la seule accomplie.
C'est elle qui défend le vol, la trahison
Qui conduisait Thalès, [2] et Socrate et Solon [3].

---

[1] L'esprit n'est à l'homme que ce que les voiles sont aux vaisseaux : la raison seule doit en être le gouvernail.

[2] Thalès vivait du temps de Solon et fut le premier sage de la Grèce.

[3] L'histoire de Socrate est trop connue pour que presque tout le monde ne sache pas qu'il fut l'exemple de la vertu et l'apôtre de

Qui crie à l'ambitieux qu'en frustrant son semblable,
La société tombe et devient misérable;
Qui montre au scélérat, par le vice abattu,
Que la félicité n'est que dans la vertu.
Quiconque est sage suit cette loi salutaire :
Elle reprend nos sens et les force à se taire;
Elle règle nos goûts, nos travaux, nos plaisirs,
Commande nos passions et borne nos désirs;
Adoucit la colère, extirpe nos caprices,
Attaque les défauts et corrige nos vices :
Dirige les mortels, sages et vertueux,
Justes, intelligens, que le ciel rend heureux !
C'est de nos actions le guide et la balance :
Le sage emploie en tout l'équité, la prudence!
Le méchant est trahi par sa méchanceté,
Et devient le mépris de la société!...
 Que tout soit juste et pur aux regards de l'enfance!
Les jours les plus heureux sont ceux de l'innocence :

la vérité, et qu'en conséquence il fut chargé de fers, traîné dans les cachots, et forcé d'avaler la coupe empoisonnée. Telle est ordinairement la récompense qu'on accorde aux hommes célèbres. On les insulte, on les outrage pendant leur vie; la postérité les juge, les révère, et finit par leur élever des monumens. On laissait mendier Homère dans sept villes opulentes de la Grèce, tandis qu'après sa mort elles se disputèrent long-temps la gloire de lui avoir donné naissance. Telle est dans tous les siècles la folie des hommes, et le nôtre, en condamnant M. Lamennais, comme nous le lui avons écrit dans une de nos lettres, a voulu montrer à la postérité la plus reculée qu'il n'est pas moins barbare que ceux de nos ancêtres.

 Solon, l'un des sept sages de la Grèce, naquit à Athènes, l'an 639 avant notre ère. La guerre civile ayant déchiré sa patrie, il en apaisa les troubles en donnant de sages lois à ses concitoyens, auxquels il fit jurer de les observer pendant cent ans.

Le ciel a beau punir les mondains de malheurs,
Ils ne peuvent apprendre à devenir meilleurs :
Quand ils sont sous le joug d'une impudique flamme,
Plus elle les dévore et plus elle s'enflamme.
Ce vice à noirs soupçons leur promet un doux sort,
Et les traîne en tyran des douleurs à la mort.
Plusieurs pour un soupir, pour une sotte envie,
Se rendent malheureux pendant toute leur vie!
Que de cœurs, ô vertu! révèrent tes appas,
Recherchent tes attraits et ne te suivent pas!...
Toi, tendre fleur du ciel, qui fais dans tous les âges
Le sort le plus heureux des mortels purs et sages!
Dieu ne veut nulle paix dans un cœur corrompu :
Il plaça le bonheur dans la seule vertu!
Le sceau de l'honnête homme est une empreinte auguste!
Aux yeux de Dieu rien n'est aussi grand que le juste!
On peut se revêtir d'imposture ou d'erreur:
On ne peut se soustraire aux regards du Seigneur!
Lui dicte la raison, loi paisible et fidèle,
La plus simple du ciel, la seule universelle!
Ce grand code éternel ne contient qu'équité,
Qu'union et qu'honneur et que fraternité!...
Les autres lois, hélas! ne nous prêchent que guerres :
La raison nous convainc que nous sommes tous frères :
Sortis du roi du ciel, tous fils de ce Seigneur,
Lui seul est notre juge et notre protecteur.
Mais ce Dieu souffre, hélas! de faux saints infidèles!...
Qui vivent dans l'orgueil à l'ombre de ses aîles!...
La raison nous le prouve! Oh! quelle belle loi!
Elle confond l'erreur et la mauvaise foi!
C'est elle qui nous montre à tous tant que nous sommes
A diriger nos mœurs, à connaître les hommes,
A juger des vertus comme aussi des défauts,
A démêler en tout le vrai d'avec le faux,

Et ce qui fait le bien d'avec ce qui peut nuire.
L'homme se rend heureux quand il sait se conduire.
Puisque c'est notre guide, au lieu de l'effacer,
Sur différens sujets il vaut mieux l'exercer.
Ta croyance dit : crois... et le ciel dit : raisonne...
Pour savoir si la thèse est fabuleuse ou bonne !...
Car ce n'est rien, hélas ! que l'homme ait du talent :
Il faut avoir en tout beaucoup de jugement.
Croyez, croyez, c'est bien le moyen de se faire,
Aux dépens des nigauds, un paradis sur terre !
Qui peut croire, en effet, que le maître des cieux
Pourra perdre à jamais le juste et vrai pieux
Qui d'un cœur noble et saint, dès sa plus tendre enfance,
Aura de ses parens bien suivi la croyance,
Puis trompé par des chefs d'une fausse ferveur,
Que tant d'autres croyaient, l'ont bercé dans l'erreur !...
On ne peut point douter que c'est un Dieu propice :
S'il condamnait le juste où serait sa justice ?...
Comment fera ce Dieu pour juger l'Indien,
Le Musulman, le Juif, le Parsis, le Payen,
Et tant d'autres, enfin, qu'on appelle sauvages,
Qu'aux yeux du Tout-puissant sont humbles et très sages,
Qui, justes, vertueux, sans fard ni vanité,
Auront en tout suivi les lois de l'équité ?...
« Oh ! fabuleux chrétiens, n'allez point dans vos songes
» D'un dieu juste et parfait faire un dieu de mensonges[1] » !

---

[1] Si nous avons mis ces deux vers entre des guillemets c'est que le fameux critique Boileau, dans son art poétique, ch. troisième, a dit :

« Et fabuleux chrétiens n'allons point dans nos songes,
» D'un dieu de vérité faire un dieu de mensonges. »

Les parens de ce judicieux écrivain essayèrent d'en faire un avocat ou un homme d'église ; mais ne voulant jamais démentir

Croyez-vous qu'à vous seuls les cieux seront ouverts,
Et que pour tout le reste on ait fait les enfers!...
　　Quelle que soit ta secte, abhorre la licence :
La sagesse fait l'homme et non pas la croyance :
Dieu nous jugera tous sur la sainte équité,
Sur la vertu, les mœurs et sur la probité :
Au jour terrible et grand la puissance suprême
Punira les forfaits, l'orgueil et le blasphème !
Pour défense on n'aura ni temps, ni lois, ni lieux :
En tout siècle on peut être et juste et vertueux :
Dieu grave en tous les cœurs cette sainte maxime,
De chérir la vertu, de s'éloigner du crime.
Sois juste, dit ce Dieu ! Mortels, c'est là ma loi !
Le parfum et l'encens qui monte jusqu'à moi !...
Je suis un Dieu parfait : ma puissance céleste,
N'aimant que la justice, abhorre tout le reste.
　　Voilà des nations le code universel,
Et la règle et la loi de tout homme mortel :
Loi parfaite, immuable, intacte et cordiale
Qui sert dans tous les temps de règle et de morale.

l'intégrité de son ame, et bientôt fatigué de ces deux chicanes, il ne se livra qu'à son talent particulier, et l'on peut dire qu'il fut un des premiers qui eurent le courage d'attaquer certains abus de nos contrées, et qu'il illustra son siècle par de fort belles connaissances. On ne devrait, en effet, considérer comme grands que ceux qui s'élèvent au-dessus de leurs semblables par leurs vertus et leurs talens, et non en frustrant la société par des intrigues ou des fables. L'homme de bien est celui qui vit autant que possible de l'industrie ou du travail de ses mains. C'est la seule doctrine qui puisse maintenir l'ordre des sociétés. Un peuple ne peut devenir que très misérable quand une moitié dévore l'autre moitié. C'est alors que les révolutions fermentent, que les nations se soulèvent contre ceux qui les oppriment et que tout se bouleverse. Il s'ensuit même quelquefois de là de nouvelles croyances : l'histoire en fournit de terribles exemples.

C'est elle qui conduit l'habitant des déserts,
Et ces peuples lointains environnés des mers,
Ou tant d'autres, enfin, qu'on appelle barbares,
Comme ils ne suivent pas nos préceptes bisarres,
Qui n'ont jamais connu ni Christ, ni Mahomet,
Et leur raisonnement en est-il moins parfait?
Et Socrate et Solon pour être nés en Grèce,
Au sein de tant d'erreurs, ont-ils moins de noblesse?...
Les siècles ont produit, chez les peuples payens,
Des sages qui feraient la honte des Chrétiens!...
Devant le roi des cieux, devant son trône auguste,
Le mortel le plus grand c'est toujours le plus juste !

FIN.

www.ingramcontent.com/pod-product-compliance
Lightning Source LLC
LaVergne TN
LVHW050607090426
835512LV00008B/1370